Martin Buchholz

HOFFNUNGS
funken

Geschichten
& Gedanken

BRUNNEN
Verlag GmbH · Giessen

Martin Buchholz ist TV-Journalist für ARD und ZDF und Grimme Preisträger. Daneben ist der Theologe seit über 30 Jahren als Liedermacher und Referent zu Veranstaltungen unterwegs. Er lebt mit seiner Frau in der Nähe von Köln.
www.martinbuchholz.com

Die zitierten Bibeltexte sind folgenden Übersetzungen entnommen:
BB – BasisBibel, © 2021 Deutsche Bibelgesellschaft, Stuttgart
NEÜ (Neue evangelistische Übersetzung) – NeÜ bibel.heute
© 2010 Karl-Heinz Vanheiden, www.derbibelvertrauen.de, und
Christliche Verlagsgesellschaft Dillenburg, www.cv-dillenburg.de
LÜ – Lutherbibel, revidiert 2017, © 2016 Deutsche Bibelgesellschaft, Stuttgart
ELB – Elberfelder Bibel 2006, © 2006 by SCM R.Brockhaus in der SCM Verlagsgruppe GmbH, Witten/Holzgerlingen

©2023 Brunnen Verlag GmbH, Gießen
Lektorat: Stefan Loß
Umschlagfoto: Rahul/Adobe Stock
Umschlaggestaltung: Daniela Sprenger, Brunnen Verlag GmbH
Satz: Brunnen Verlag GmbH
Druck: GGP Media GmbH, Pößneck
Gedruckt in Deutschland
ISBN Buch 978-3-7655-3619-9
ISBN E-Book 978-3-7655-7310-1
www.brunnen-verlag.de

Inhalt

Hoffnungsfunken

„Hoffnung ist nicht die Überzeugung, dass etwas gut ausgeht, sondern die Gewissheit, dass etwas Sinn hat, egal, wie es ausgeht." Das hat der tschechische Autor und Staatsmann Václav Havel gesagt.

2000 Jahre zuvor schrieb ein anderer: „Der Glaube ist ein Festhalten an dem, worauf man hofft, ein Überzeugtsein von Dingen, die nicht sichtbar sind" (Hebräer 11,1).

Beide Sätze begleiten mich schon lange. Genauso wie die Frage: Ist Hoffnung nur eine Illusion naiver Tagtraumtänzer oder eine Haltung des Herzens, die wir üben können? Ich hoffe unverdrossen auf Letzteres.

Wir leben in einer Zeit gewaltiger Umbrüche. Die Krisenherde kennen Sie alle: Pandemie und Klimawandel, immer mehr Menschen auf der Flucht vor Gewalt und Terror, Kriege, die stetig näher kommen …

Natürlich können wir versuchen, möglichst lange die Augen davor zu verschließen und unser „business as usual" möglichst lange irgendwie fortzuführen. Wir können aber auch die Augen weit aufmachen und uns fragen: Wie schaffen wir es, mit den krassen Widersprüchen des Lebens klarzukommen?

Wenn bei uns im Freundeskreis ein Kind geboren wird, dann ist das ein wunderbarer Grund zu feiern.

Während zur selben Zeit in der Ukraine Kinder in Luftschutzkellern zu überleben versuchen.

Dürfen wir im Angesicht der Not die Feste des Lebens nicht mehr feiern? Doch, das sollten wir sogar, meine ich. Und könnten anfangen zu üben, wie das im Alltag geht: dass alles seine Zeit hat: Mit den Weinenden zu trauern und mit den Fröhlichen zu lachen.

Ich freue mich über das, was Mut macht: Was uns ermutigt und was Mut bewirken kann. Beides taucht auch immer wieder in den Texten dieses Buches auf. In Geschichten, die das Leben erzählt, in kleinen Alltags-Anekdoten wie in Gedanken über die großen Hoffnungstexte der biblischen Bibliothek, jahrtausendealt, aber keineswegs von gestern, wie ich finde.

Ich mag es, wenn Menschen schön über das Leben reden, ohne es schönzureden. Und wenn sie sich zwischendurch immer wieder mal daran erinnern, warum Engel fliegen können. Weil sie sich leicht nehmen.

In diesem Sinne wünsche ich Ihnen eine ermutigende Lektüre, hoffentlich hie und da mit einem Lächeln im Gesicht.

Martin Buchholz

Zu den zitierten Liedern gibt es eine Playlist. Den Link dazu finden Sie am Ende des Buches als QR-Code.

2 Die Traueranzeige

Es gibt Geschichten, die kann man sich nicht ausdenken. Die kann nur das Leben schreiben. Geschichten wie diese:

An einem kühlen Septembermorgen in einer kleinen Stadt in Schleswig-Holstein. Pfarrer Bartels sitzt mit einer Tasse Kaffee am Küchentisch und blättert die Lokalzeitung durch. Er will sie gerade weglegen, da fällt sein Blick auf eine winzige Anzeige: „Wir trauern um Gertrud Mommsen." Darunter nur: Die Familie. Das Datum von vorgestern. Und der Ort.

Pfarrer Bartels erbleicht. Gertrud Mommsen? Die alte Dame gehörte zu seiner Kirchengemeinde. Ging es ihr so schlecht? Warum hat er davon nichts mitbekommen? Und noch schlimmer: Erst einige Monate zuvor hatten Frau Mommsen und ihr Mann goldene Hochzeit gefeiert. Pfarrer Bartels hatte versprochen, bei der kleinen Feier vorbeizuschauen. Und musste dann doch kurzfristig absagen. Mal wieder war etwas furchtbar Dringliches dazwischengekommen. Nun ist es zu spät. Und sein schlechtes Gewissen schlägt meterhoch.

Kurz entschlossen steigt er ins Auto und fährt los. Unterwegs purzeln ihm Gedanken durch den Kopf: Was soll er Herrn Mommsen jetzt überhaupt sagen? Wie wird der alte Herr reagieren?

Pfarrer Bartels parkt vor dem kleinen Häuschen, steigt

aus, geht auf die Tür zu. Und bleibt stehen. Die Klingel drückt er noch nicht. Er ist immer noch vollkommen ratlos, sucht fieberhaft nach irgendwelchen halbwegs tröstlichen Worten. Doch ihm will nichts einfallen. Von drinnen meint er, murmelnde Stimmen zu hören. Sind schon andere da, um zu kondolieren?

Wie auch immer. Es hilft ja alles nichts. Wat mutt, dat mutt. Pfarrer Bartels drückt die Klingel. Es dauert einen Moment, bis die Tür aufgeht. Herr Mommsen hat das Telefon am Ohr und sagt: „Pfarrer Bartels! Wie schön Sie zu sehen! Verzeihen Sie, ich habe gerade eine gute Freundin in der Leitung …"

„Nun, äh, ich will auch gar nicht lang stören", murmelt der Pfarrer. „Es ist nur, wissen Sie, ich meine, ich bin wegen Gertrud gekommen und wollte …"

„Ja, das habe ich mir gedacht", unterbricht ihn Mommsen. Und ruft laut in Richtung Wohnzimmer. „Gertrud, kommst du mal eben! Pfarrer Bartels ist da und möchte dich sprechen …"

Entgeistert starrt der Pfarrer in Richtung Wohnzimmer. Da steht Gertrud Mommsen auch schon vor ihm und lacht. „Herr Pfarrer, welch eine Freude! Sie glauben gar nicht, was hier heute los ist. Das Telefon steht gar nicht mehr still. Aber kommen Sie doch bitte herein."

Noch immer völlig verdattert trottet Pfarrer Bartels hinter ihr her ins Wohnzimmer. „Bitte nehmen Sie doch Platz", sagt Frau Mommsen. „Darf ich Ihnen eine Tasse Kaffee anbieten?"

„Ja, ähm, danke, gern, wissen Sie, also, äh, Sie glauben

ja gar nicht, wie äh, froh ich bin, Sie hier so putzmunter anzutreffen, weil nun ja …"

„Ach, Herr Pfarrer, da sind Sie wahrhaftig nicht der Einzige!", sagt Frau Mommsen lächelnd. „Wir leben nun seit 30 Jahren in diesem Ort und noch NIE haben so viele Menschen bei uns angerufen wie heute. Haben Sie auch die Anzeige in der Zeitung gelesen?"

Pfarrer Bartels errötet. „In der Tat, ja das habe ich …"

„Ja, so was erlebt man sicher nur einmal!", sagt Frau Mommsen. Der Pfarrer schaut sie ratlos an. „Den Druckfehler meine ich. Die verstorbene Gertrud Mommsen ist offenbar eine Namensvetterin von mir und lebte zwei Orte weiter. Die Zeitung hat aber bei ihrer Traueranzeige versehentlich unseren Wohnort angegeben …"

Pfarrer Bartels muss aufpassen, dass er seinen Kaffee nicht über die Tischdecke schüttet. „Aber wissen Sie was, Herr Pfarrer? Es ist schon eine tolle Erfahrung, die Reaktionen auf den eigenen Tod noch miterleben zu dürfen. All die Menschen, die meinen Mann heute anrufen, diese warme Woge des Mitgefühls. Nun weiß ich, wenn ich wirklich eines Tages sterbe, dann wird mein Mann nicht allein sein. Und das tut richtig gut. Ich finde, darauf sollten wir jetzt mal anstoßen!" Gertrud Mommsen stellt eine Flasche Jägermeister und zwei Gläser auf den Tisch und schenkt großzügig ein.

„Prost Herr Pfarrer! Dieser Tag muss gefeiert werden! Auf das Leben!"

Dankbar

Für das Leben, das in mir pulsiert,
für den Arzt, der ein Knie operiert
sag ich danke!
Für die Wunder, die täglich passiern,
für ein Spiel, das die Bayern verliern,
sag ich danke!
Für die Dusche, für Heizung und Licht,
für das Lächeln in deinem Gesicht
sag ich danke!
Für das und mehr: Danke sehr!

Es wurd auch Zeit für etwas Dankbarkeit!
So vieles nimmt man einfach hin.
Doch heute nutz ich die Gelegenheit,
zu sehn, wie reich beschenkt ich bin.

Für die Wölfe, Wald, Wiesen und Flur,
aber auch für die Infrastruktur
sag ich danke!
Für die Kinder und für die Musik,
für ein Land ohne Hunger und Krieg
sag ich danke!
Für das und mehr – Danke sehr!

Es wurde Zeit für etwas Dankbarkeit.
Und was ich auf der Zunge spür
ist der Geschmack von Gottes Freundlichkeit.
Ich sage: Vielen Dank dafür!

Für den Schmerz, wenn er wieder vergeht,
für den Freund, der mein Schweigen versteht,
sag ich danke!
Für die Menschen, die etwas riskiern,
vor dem Unrecht nie kapituliern,
sag ich danke!
Für das und mehr – Danke sehr!

Wetterfühlig

Sind Sie wetterfühlig? Ich persönlich halte mich selbst ja eher für jahreszeitenfühlig. Ich liebe den Wechsel der Jahreszeiten, aber die Proportionen stimmen irgendwie nicht mehr. Der Winter ist mir mittlerweile jedes Jahr eindeutig zu lang. Und das liegt eigentlich weniger am nasskalten Nieselwetter. Es liegt an der Dunkelheit.

Im norwegischen Tromsø habe ich gelesen, geht die Sonne von November bis Januar gar nicht mehr richtig auf. 300 Kilometer nördlich des Polarkreises regiert dann monatelang die Dunkelheit. Ein Albtraum, wenn Sie mich fragen.

Doch was ich im Winter noch mehr vermisse, das sind die Farben. Der Winter ist so schrecklich unbunt. Denn genau das bedeutet „grau" – laut Lexikon: eine „unbunte" Farbe. Grausam grau eben. Das Gegenteil von farbenfroh.

Mausgraue Menschen, aschgraue Bäume und auf den kahlen Ästen hockt noch ein verlorener Vogel, der vergessen hat, rechtzeitig das Weite zu suchen, vermutlich ein grauer Star. Aus einem grauen Himmel nieseln Graupelschauer und vergraulen auch noch den letzten Anflug guter Laune.

Die Menschen verkriechen sich in ihren Häusern und hocken wie festgetackert auf ihren Sofas. Was – meinen Sie wohl – empfehlen Polstereien als Farbe für Sofagarnituren? Genau: Grau! Denn grau sei ja besonders fleckenunempfindlich. Grauenvoll!

Und inzwischen graut mir vor dem Verdacht, dass wir alle heimlich, still und leise angefangen haben, uns so gaaaanz allmählich an das Grau-in-grau in unseren Wohnzimmern zu gewöhnen. Und dann irgendwann das Ende des Winters gar nicht mehr so richtig mitbekommen.

Dass wir den Hintern nicht mehr hochkriegen und einfach sitzen bleiben auf unseren fleckenunempfindlichen Sofas.

Dass wir anfangen, „unbunt" tatsächlich für eine Farbe zu halten. Und hinter dem Grauschleier unserer Gardinen und Gedanken die farbenprächtige Vielfalt des Frühlings verpassen.

Dass wir zu grauen Alltagspragmatikern werden, die es vermeiden, sich noch von irgendwas berühren zu lassen. Man könnte sich ja bei irgendwem anstecken.

Aber gut, es kann natürlich sein, ich sehe da viel zu schwarz. Ich weiß es nicht.

Darum mein Vorschlag zur Güte:

Schon morgen, wenn der Morgen graut, wird farbenfroh nach vorn geschaut!

Da fangen wir an und malen uns aus, wo Spielraum ist im Lebenshaus.

Dann geht es endlich wieder rund in unsrer Villa Kunterbunt.

Himmelblau

Gib mir himmelblau und das Frühlingsgrün!
Ich will die Welt in Farbe sehn.
Wenn der Morgen graut, will ich buntes Licht.
Und Sonnenstrahlen im Gesicht.

Bin so müde vom Winter und vom Warten
auf den Blumenduft im Garten.
Viel zu lang ist alles grau in grau.
Triste Tage, kalte Nächte,
dass ich nun nichts lieber möchte,
als zu sehn, dass sie bald vorübergehn.

Ich beneide den Igel, der sich hinlegt
und drei Monate nicht aufsteht,
bis er spürt, dass nun der Frühling kommt.
Lange Winter zu versäumen
Und dabei was Schönes träumen,
das hat Stil. Man verpasst nicht allzu viel.

Leuchtendes Gelb, tiefes Rot und Orange,
auf dem Tau ein Lichtermeer.
Glitzern im Gras, Lebensfreude und Spaß,
danach sehn ich mich so sehr.

Gib mir himmelblau und das Frühlingsgrün!
Ich will die Welt in Farbe sehn.
Wenn der Morgen graut, will ich buntes Licht.
Und Sonnenstrahlen im Gesicht.

4

Gott ist kein Lückenbüßer

Ja! Ich könnte mir das Leben auch ohne Gott erklären.

Und jede Liebeserklärung, jeden Kuss und die Umarmung nach dem Streit für ein rein biologisches Wechselspiel von Hormonen und Botenstoffen halten.

Doch immer noch vertraue ich darauf, dass Gott selbst die Quelle des Lebens und das Geheimnis der Liebe ist.

Ja! Ich könnte mir das Universum mit seinem winzig kleinen Planeten Erde auch ohne Gott vorstellen.

„Das ewige Schweigen dieser unendlichen Räume erschreckt mich", hat Blaise Pascal schon vor 350 Jahren gesagt.

Doch immer noch höre ich, wie Gottes Stimme das Schweigen bricht und sagt: „Fürchte dich nicht. Ich habe dich bei deinem Namen gerufen! Du bist mein!"

Ja! Ich könnte mir die Option des Göttlichen aufheben zur Erklärung der allerletzten Rätsel zwischen Himmel und Erde, die unsere Wissenschaft noch immer nicht überzeugend klären kann.

Aber „Gott ist kein Lückenbüßer. Nicht erst an den Grenzen unsere Möglichkeiten, sondern mitten im Leben muss Gott erkannt werden", meinte schon Dietrich

Bonhoeffer, der mutige Theologe und Widerstands-
kämpfer gegen die Nazis.

Und manchmal erahne ich leise, *wie* er es meinte.
Denn wohin ich auch gehe, Gott ist schon da.
Auch wenn ich sie nur viel zu selten erkenne –
die Gottesmomente, die für dich und mich vom Himmel fallen.

Ich habe die Sonne im Monument Valley gesehen.
Früh am Morgen ging sie auf, glutrot und riesig
über den gewaltigen Felsmassiven.
Und es war so, als würden Sonne und Felsen ein Lob-
lied singen
auf die Herrlichkeit Gottes, den Schöpfer des Him-
mels und der Erde.
Mutter und Vater allen Lebens.

Ich habe den Dreck in Payatas gerochen,
auf den stinkenden Müllbergen am Rande von Manila
auf den Philippinen.
Kinder suchten im Müll der Millionenmetropole nach
Glas, Plastik und Blechdosen, um sie an Recyclinghänd-
ler zu verkaufen und so irgendwie zu überleben.
Mitten im Müll: eine kleine Missionsstation. Und
eine Ordensfrau. Sie wusch einem kleinen Jungen vorsichtig die verletzten Füße.
Und es war so, als begegnete mir Jesus Christus, der
gesagt hat:

„Was ihr einem der ausgegrenzten Menschen getan habt,

das habt ihr mir getan."

Ich habe das Rattern der Räder gehört.

Im Zug unterwegs zu einem schwierigen Auftrag,
der mir Sorgen machte.

Ich schaute aus dem Fenster. Sah die Landschaft vorbeifliegen. Und plötzlich wurde alles still.

Ich spürte einen Frieden, der meine Ängste wie ein Windzug in Luft auflöste.

Und es war so, als berührte mich in diesem Moment der Heilige Geist,

der weht, wo er will.

Ja, ich könnte das alles für Hirngespinste halten;

für zufällige Verknüpfungen elektrischer Impulse
in den Synapsen meines Gehirns.

Ich könnte mir die Welt auch ohne Gott erklären,

doch ich glaube, ich würde das Staunen verlieren,

die begeisterte Verwunderung über das Wunder des Lebens,

das uns täglich neu geschenkt wird.

5 Neue Kraft für Erschöpfte

Ich vermute, Sie kennen diese Momente im Leben, wenn irgendwie alles zu viel wird. Wenn das Herz so voll ist, dass es überläuft. Und du spürst: Es wird Zeit, dein Herz auszuschütten. Aber wohin und vor wem?

„Schütte dein Herz aus vor Gott!" lautet die Empfehlung im 1. Petrusbrief. „Werft all eure Sorgen Gott vor die Füße. Denn Gott sorgt für euch!"

In den vielstimmigen Texten der jahrtausendealten Bibliothek, die wir Bibel nennen, wird immer wieder erzählt, wie Gott sich Menschen zuwendet, die zutiefst erschöpft sind und nicht weiterwissen. Diese Erzählungen sind keine simple Betriebsanleitung für ein gelingendes Leben, sie spiegeln auf ganz unterschiedliche Weise bewegende Erfahrungen, die Menschen mit Gott machen. Drei davon werde ich schildern. Vielleicht ist ja eine dabei, in der Sie sich wiederfinden.

Ein todmüder Prophet

Die erste Geschichte ist mehr als 2500 Jahre alt und wird im ersten Buch der Könige, Kapitel 19 erzählt.

Gottes treuer Prophet Elia hat soeben den größten Erfolg seiner prophetischen Laufbahn erlebt. Die meisten im Volk Israel waren Gott untreu geworden und verehrten stattdessen den Gott Baal. In einem nicht gerade zimperlichen Wettstreit mit 450 Propheten des Baal hatte Elia Gott angerufen, seine Macht als die des einzig wahren Gottes vor dem Volk zu demonstrieren. Was Gott dann auch tat! Elia war also im Namen Gottes so richtig erfolgreich. Aber Königin Isebel kochte vor Wut und drohte Elia mit dem Tod. Nun die unerwartete Wendung: Der heldenhafte Gottesmann Elia kriegt es nämlich plötzlich mit der Angst zu tun, er sucht sein Heil in der Flucht. Elia kann nicht mehr.

„Er ging in die Wüste eine Tagereise weit und kam und ließ sich unter einem einzelnen Ginsterstrauch nieder. Da wünschte er sich, sterben zu können, und sagte: „Es ist genug! Nun, Herr, nimm mein Leben hin, denn ich bin nicht besser als meine Väter" (1. Könige 19,4-8).

Der gewaltige Glaubensmut des erfolgreichen Gottesmannes ist zerplatzt wie eine Seifenblase. Elia liegt am Boden und kann nicht mehr.

„Dann legte er sich nieder und schlief unter dem Ginsterstrauch ein. Und siehe da, ein Engel rührte ihn an und sprach zu ihm: ‚Mein lieber Elia! Ich erklär dir jetzt mal, warum Gott nicht verhindert hat, dass du nun zu Tode erschöpft hier liegst. Das hat natürlich alles einen ganz tiefen Sinn, dass Gott dir das alles zumutet, weil er etwas Bestimmtes vorhat mit dir …'"

Äh, nein, Sie ahnen es bereits. All das sagt der Engel keineswegs.

„Der Engel berührte ihn und sprach: ‚Steh auf, und iss!' Und als er aufblickte, siehe da lagen neben seinem Kopf ein Brotfladen, auf heißen Steinen gebacken, und ein Krug Wasser. Und er aß und trank und … legte sich wieder hin.

Und der Engel des Herrn kehrte zurück, kam zum zweiten Mal und rührte ihn an und sprach: ‚Steh auf, iss! Denn der Weg ist zu weit für dich.'

Da stand er auf und aß und trank, und er ging in der Kraft dieser Speise vierzig Tage und vierzig Nächte, bis an den Berg Gottes, den Horeb."

Die Geschichte geht spannend weiter, aber lassen wir den Propheten trotzdem seines Weges ziehen und schauen noch einmal kurz zurück auf diesen Gottesmoment, der für den erschöpften Elia vom Himmel fiel:

Der große Gottesmann liegt wie ein Häuflein Elend am Boden. Er ist überzeugt: Das Leid, das er nun erfährt, hat er keineswegs verdient. Wie konnte Gott das zulassen?

Elia bekommt von Gott keine Antwort auf die Frage nach dem Sinn. Und Gott beschütze Sie und mich vor den Menschen, die manchmal meinen, es viel besser zu wissen als Gottes Engel. Und uns wortreich zu erklären versuchen, warum dieses Leid uns natürlich treffen musste. Und was der liebe Gott damit im Sinn hat.

Elia bekommt keine Antwort, er bekommt frisch gebackenes Brot und Wasser. Er bekommt die Kraft, die er braucht, für den nächsten Schritt hinein ins Ungewisse.

Das wünsche ich Ihnen und mir für die Tage, an denen wir am Boden liegen. Gott sende dir seinen Engel, der dich liebevoll berührt und sagt:

„Steh auf, iss und trink! Damit du wieder zu Kräften kommst!"

Weißt du, wie viel Sternlein stehen?

Im Buch Jesaja, Kapitel 40, wendet sich der Prophet an seine deprimierten und entmutigten Zeitgenossen, und sagt:

„Junge Männer werden müde und matt, starke Krieger straucheln und fallen. Aber alle, die den richtigen Kurs zur Selbstoptimierung belegen, bekommen neue Kraft."

Also, das *hätte* er wahrscheinlich gesagt, wenn er heute als hochdotierter Erfolgstrainer für mentale Fitness arbeiten würde. Tatsächlich jedoch sagte der Prophet: „Alle, die auf Gott hoffen, bekommen neue Kraft."

Doch genau davon waren seine Zeitgenossen vom Volk Israel damals keineswegs mehr überzeugt. Jahrzehnte zuvor hatten die Babylonier ihre Heimat Jerusalem erobert und zerstört und die Juden ins babylonische Reich verschleppt. Auch der Tempel, Gottes heiliges Haus, war zerstört worden. Fern der Heimat fragten sie sich nun: Hat Gott uns hier im Exil nicht längst vergessen? Und sind die Götter der siegreichen Babylonier nicht sowieso viel mächtiger als unser Gott?

Doch Jesaja fragt: „Glaubt ihr ernsthaft, Gott sei auf den Tempel angewiesen als Zeichen seiner Herrlichkeit? Denkt ihr so klein von Gott, dass ihr nun stattdessen lieber den wackeligen Götterbildern der Babylonier vertrauen wollt?"

Jesaja 40,25-27: „Mit wem wollt ihr mich vergleichen?

Wer kommt mir gleich? Spricht der Heilige. Richtet eure Augen nach oben und seht, wer das alles geschaffen hat. Seht ihr dort das Heer der Sterne? Gott lässt sie aufmarschieren in voller Zahl. Mit ihrem Namen ruft er sie alle herbei. Aus der Menge, vielfältig und stark, darf kein einziger fehlen.

Wie kannst du da sagen, Jakob, wie kannst du behaupten, Israel: Mein Weg ist dem Herrn verborgen! Mein Gott bemerkt nicht, dass ich Unrecht leide!"

Ich finde, das ist ein atemberaubendes Bild, das Jesaja da beschreibt: Gott, der gewaltige Schöpfer des Universums, sieht auch dich, du kleiner Mensch und wird dich nicht vergessen. Und so wie Gott die Sterne zählt und jeden einzelnen beim Namen nennt, so kennt Gott auch dich und es ist ihm nicht egal, was aus dir wird.

Darum ihr Erschöpften: Wendet euch an den Schöpfer!

Auf diesen Gott zu hoffen, kann auch dein müdes Herz mit neuer Kraft erfüllen.

Kennen Sie noch aus Kindertagen das Lied „Weißt du wie viel Sternlein stehen?" Vielleicht ist jetzt ein guter Moment, sich noch einmal daran zu erinnern. Und an das Gefühl, das wir als Kinder kannten und als nüchterne Erwachsene irgendwann verloren haben: das kindliche Vertrauen.

Weißt du, wie viel Sternlein stehen
an dem blauen Himmelszelt?
Weißt du, wie viel Wolken gehen
weithin über alle Welt?

Gott der Herr hat sie gezählet,
dass ihm auch nicht eines fehlet
an der ganzen großen Zahl.

Weißt du, wie viel Mücklein spielen
in der heißen Sonnenglut,
wie viel Fischlein auch sich kühlen
in der hellen Wasserflut?
Gott der Herr rief sie mit Namen,
dass sie all ins Leben kamen,
dass sie nun so fröhlich sind.

Weißt du, wie viel Kinder frühe
stehn aus ihren Bettlein auf,
dass sie ohne Sorg und Mühe
fröhlich sind im Tageslauf?
Gott im Himmel hat an allen
seine Lust, sein Wohlgefallen,
kennt auch dich und hat dich lieb.

„Ich will euch Ruhe schenken."

„Kommt zu mir, ihr alle, die ihr euch abmüht und belastet seid!", sagt Jesus im Matthäusevangelium, Kapitel 11. „Ich will euch Ruhe schenken."

   Das klingt doch wunderbar entspannt und tröstlich. Ist aber aus dem Munde Jesu auch ein wenig überraschend. Denn wenn Sie sich die Zeit nehmen, das Matthäusevangelium von vorn nach hinten ganz zu lesen, dann werden Sie merken: Sehr vieles, was Jesus sagt und tut, ist keineswegs von entspannter Ruhe bestimmt. Sondern von dringlicher Eile, von Anspruch und Aufbruch.

„Kehrt um!" empfiehlt Jesus seinen Zuhörern immer wieder. Denn die Königsherrschaft Gottes bricht an und duldet keinen Aufschub. Gottes Revolution der Liebe hat begonnen. Darum lass dich bewegen, in Gottes Bewegung mitzuarbeiten. Denn das ist eure Lebensaufgabe.

Und ich kenne so manche Mitarbeiterin und manchen Mitarbeiter in der Gemeinde Jesu, die diese Aufgabe in die totale Erschöpfung getrieben hat. Die Arbeit in Gottes Bewegung kann auch als schwere Last empfunden werden. Und wie es scheint, bestätigt Jesus das sogar. Denn was er in Matthäus, Kapitel 11 sagt, geht so weiter:

„Nehmt das Joch auf euch, das ich euch gebe."

Das Joch ist der Balken, den der Ochse auf dem Rücken trägt, wenn er den Pflug über den Acker zieht. Ein wenig entspanntes Bild. Wer Jesus folgt, muss also schuften wie ein Ochse? Doch dann sagt Jesus:

„Lernt von mir: Ich meine es gut mit euch und werde sanft mit euch umgehen. Dann werden eure Seelen Ruhe finden. Denn mein Joch ist leicht. Und was ich euch zu tragen gebe, ist keine Last."

Jesus meint: In Gottes Liebesbewegung mitzuarbeiten, ist keine Last, die dich niederdrücken und beschweren will, sondern die dich befreit und beflügelt.

Sie wird dich beflügeln, weil es keinen schöneren Job

gibt als den, in Gottes Bewegung mitzuwirken. Sie befreit dich von Selbstüberschätzung und dem gnadenlosen Anspruch an dich selbst, nun irgendwie die Welt retten zu müssen. Wenn du deine kleinen Schritte der Liebe gehst und dabei stolperst, wird Jesus sanft mit dir umgehen, weil er weiß, dass du ein zerbrechlicher Mensch bist.

Es liegt nicht an uns, Gottes Bewegung erfolgreich zu machen. Gott selbst wird wachsen lassen und vollenden, was er begonnen hat.

Wenn Sie zu den Menschen gehören, die aufopferungsvoll für das Wohlergehen anderer Menschen sorgen, dann vergessen Sie bitte nicht, für sich selber zu sorgen und für ihr eigenes Wohlergehen!

Gerade Menschen, die ständig barmherzig gegenüber anderen Menschen sind, fällt es oft unsagbar schwer, barmherzig mit sich selbst zu sein.

Und wenn Sie jetzt sagen: „Dafür fehlt mir leider die Zeit", dann wird es vielleicht höchste Zeit für Sie, sich genau diese Zeit einfach zu nehmen, die Sie dringend brauchen, die Zeit, für sich selber zu sorgen und sich selber umsorgen zu lassen.

In dem Musical „Jesus Christ Superstar" gibt es zwei Szenen, die mich sehr berührt haben. Die eine: Jesus, der Wunderheiler und Freund der Armen, hat bereits vielen Menschen geholfen. Nun steht er auf der Bühne und von allen Seiten kommen immer mehr Bettler, Aussätzige, klagende Mütter und weinende Kinder auf ihn zu. Sie umringen ihn, ziehen den Kreis enger, drohen ihn zu erdrücken. Am Ende schreit Jesus markerschüttternd auf: „Lasst mich in Ruhe, lasst mich allein!" und ergreift die Flucht.

Die zweite Szene: Es ist Nacht. Jesus hat seinen Kopf zu Tode erschöpft in den Schoß von Maria Magdalena gelegt. Sie wiegt ihn sanft und singt: „Let the world turn without you tonight!" – „Heute Nacht soll die Welt sich einmal ohne dich weiterdrehen!"

Dieser Moment hat mich bewegt. Viele von uns rennen doch pausenlos und atemlos als „Macher" durch die Gegend. Wir machen uns Sorgen um die pflegebedürftige Großmutter oder um die wunden Stellen unserer Krankenhauspatienten. Ich habe Menschenrechtsaktivisten getroffen, die sich bis zur totalen Erschöpfung aufopfern im Kampf für soziale Randsiedler oder gegen die Todesstrafe. Und für sie alle singt Maria Magdalena: „Let the world turn without you tonight!"

Jeden Tag „die Welt retten", den Bedürftigen helfen, die Ungerechtigkeit anprangern – wenn das alles sogar Jesus schon mal zu viel wurde, dann sollte sich jede und jeder von uns erst recht so ab und an sagen lassen: „Heute Nacht dreht die Welt sich mal ohne dich weiter!"

6 Der Rotwein

Bei mir ist das ja so: Wenn ich zwischendurch mal der Meinung bin, dass irgendein grauer Dienstag wenigstens gegen Abend noch einen funkelnden Goldrand verdient hätte, dann fahre ich noch rasch zum Weinhändler meines Vertrauens und erwerbe einen gepflegten Barolo oder was mich sonst gerade an edlen Tropfen aus dem Regal anlacht.

Denn ich bin ja schon seit Jahren der Meinung:

„Das Leben ist einfach zu kurz, um schlechten Rotwein zu trinken."

Meine Frau sieht das ja etwas nüchterner und sagt:

„Das Leben ist einfach zu teuer, um ständig beim Weinhändler einzukaufen."

Und wenn sie dann mal wieder eine Flasche Rotwein aus dem Supermarkt mitbringt, dann fass ich die Flasche erst mal nur mit spitzen Fingern an, studiere sorgfältig das Etikett und den Jahrgang und frage: „Und? Was hat der gekostet? Oder willst du den nur zum Kochen benutzen?"

Spätestens in dem Moment rastet meine Liebste dann jedes Mal aus:

„Der Wein ist völlig in Ordnung. Und war teuer genug! Mach hier nicht wieder auf großen Weinkenner, deck den Tisch. Wir können essen."

Ja, gut. Dann gebe ich natürlich sofort klein bei. Lerne

aber nichts dazu. Und so kam es eines Tages, wie es kommen musste. Und das Schicksal nahm unerbittlich seinen Lauf.

Liebe Freunde wollten zu Besuch kommen. Und ich hatte leider vergessen, vorher noch schnell zum Weinhändler zu fahren. Meine Frau hat natürlich an den Wein gedacht. Und wieder eine Flasche aus dem Supermarkt mitgebracht. Was mir erst auffiel, als unsere Freunde Markus und Lisa schon da waren.

Das gute Essen war fertig. Der Rotwein stand schon mitten auf dem Tisch. Was dann geschah, war wohl einfach die unbändige Macht der Gewohnheit. Mit spitzen Fingern ergriff ich die Flasche, studierte das Etikett und den Jahrgang und sagte: „Mmmh ... Und? Ist DAS unser Wein zum Essen? Können wir den denn auch unseren Gästen anbieten?"

Meine Gattin warf mir einen vernichtenden Blick zu, doch ich war nicht zu bremsen. Schnell entkorkte ich die Flasche, nahm einen Probeschluck. Und rief: „Au weia. Und korkig ist er auch noch ..."

Lisa und Markus guckten mich an, als hätten sie beide zugleich in eine Zitrone gebissen:

„Oh, das tut mir aber leid", sagte Lisa. „Nächstes Mal bringen wir wohl besser Blumen mit. Statt Rotwein."

Gut so

Dass so manches böse Bein, das einer stellt,
zwar gemein ist, aber keiner drüber fällt.
Dass so mancher fiese Plan,

den du schmiedest dann und wann,
sich in Luft auflöst, bevor er schaden kann,

das ist gut so,
das ist wirklich und wahrhaftig richtig gut so.
Tut so gut so.

Dass man manchen Hundehaufen überspringt.
Dass man manchen blöden Spruch dann doch nicht bringt.
Nur tief innen und ganz sacht
leise schmunzelt, doch nicht lacht.
Dass man manche Dummheit denkt, aber nicht macht,

das ist gut so,
das ist wirklich und wahrhaftig richtig gut so.
Tut so gut so.

Gut, wenn es so ist. Doch oft geht schief,
was als guter Vorsatz bestens lief.
Wenn du dann die Rechnung kriegst,
aber nicht bezahlen musst,
weil ein anderer dich aushält bis zum Schluss –

das ist Gnade.
Und wenn du das nicht erkennst, wär das sehr schade.
Es ist Gnade.

7 Die Bilder deines Lebens

Elisabethstraße

Sieht aus, als sei das Haus grad frisch gestrichen.
Der Vorbau mit dem Holzdach ist noch da.
Dahinter auch der Apfelbaum im Garten,
der jeden Sommer schwer von Früchten war.

Du weißt nicht, welche Menschen heut hier leben.
Zwei Kinderwagen stehen vor der Tür.
Du traust dich nicht, jetzt einfach mal zu klingeln.
So viele Jahre warst du nicht mehr hier.

Und die Bilder deines Lebens zieh'n an dir vorbei.
Elisabethstraße Nummer 2.

Ein Kohleherd stand damals in der Küche,
doch irgendwann zog dann der Fortschritt ein.
Du konntest grad mal stehn, da kam die Heizung.
Der erste Fernseher kam gleich mit herein.

Da schautest du am Samstag frisch gebadet
bei Daktari dem Löwen Clarence zu.
Der war nicht sehr gefährlich, weil er schielte.
Viel spannender war da schon Winnetou.

Und die Bilder deines Lebens zieh'n an dir vorbei.
Elisabethstraße Nummer 2.

Im Dachgeschoss, da wohnte Oma Kludas,
von allen nur die Urahne genannt.
Ihr Mann war nach Amerika verschwunden.
Was dort mit ihm geschah, ist nicht bekannt.

Wir ahnen nur, was uns im Leben prägte.
Wie unerwartet eins zum andern kam.
Heut stehst du vor dem Mietshaus deiner Kindheit,
und weißt doch nur, dass alles hier begann.

Und die Bilder deines Lebens zieh'n an dir vorbei.
Elisabethstraße Nummer 2.

Wenn unsere Kinder und Enkel, Nichten und Neffen eines fernen Tages zurückschauen auf die frühen 20er-Jahre des 21. Jahrhunderts – an welche Bilder werden sie sich dann erinnern? Was werden ihre Geschichten sein?

Von langen Stäbchen Nasenbluten.
Vom Masketragen müde sein.
Das neue Trampolin im Garten.
Weihnacht ohne Krippenspiel

Der Oma Zoom und Skype erklärt.
Die Tante nicht besuchen können.

Sogar die Lehrerin vermisst.
Mit Papa viele Kissenschlachten.

In Mathe besser sein als er.
Langeweile, kleines Zimmer,
Smartphone und Computerspiel.
Immer wieder Hände waschen.

Freibad ist im Sommer zu.
Schnell gelernte fremde Worte,
Inzidenz und Mutation,
Varianten, Delta, Brexit,

Donald Trump und Donald Duck,
Bullenhitze, Regenfluten.
Wasser, das im Keller steht.
Greta und Elektroautos.

Friday is for future da.
Plötzlich Krieg ganz nah im Osten.
Bomben fallen auf die Schulen.
Frauen und Kinder auf der Flucht.

Mama singt ein Gutenachtlied.
Und es klingt wie ein Gebet:

„Breit aus die Flügel beide, o Jesu, meine Freude,
und nimm dein Küchlein ein.
Will Satan mich verschlingen, so lass die Englein singen:
Dies Kind soll unverletzet sein!"

Unsere Kinder

Halt deine Hand über unsere Kinder!
Du hast dein Wort gegeben.
Halt deine Hand über unsere Kinder!
Komm und segne ihr Leben, Herr!

Halte sie fest, wenn sie frei balancieren
auf dünnem Seil mit dem Wind im Gesicht.
Halte sie warm, wenn sie zittern und frieren,
weil die Kälte der Welt in ihre Jacken kriecht.

Halte sie aus, wenn sie jammern und klagen
und aller Welt auf die Nerven geh'n.
Halte sie hoch, wenn sie selber was wagen
und die Prüfung des Lebens alleine besteh'n.

Halte uns aus, wenn wir sie nicht verstehen,
uns an sie klammern, weil Eltern so sind.
Halte ihr Herz, wenn sie eines Tags gehen
und dann gib du ihnen Rückenwind!

Halt deine Hand über unsere Kinder!
Du wirst mit ihnen gehen.
Halt deine Hand über unsere Kinder!
Dein Geist soll sie umwehen, Herr!

Gott ist mein Hirte

„Der Herr ist mein Hirte. Mir wird nichts mangeln ..."

Der 23. Psalm gehört in der Übersetzung Martin Luthers zu den berühmtesten Texten der Bibel. Und er gehört neben dem „Vaterunser" zu den ganz wenigen Texten der Bibel, die auch heute noch sehr viele Menschen zumindest teilweise auswendig können.

Psalm 23 beginnt mit den Worten: „Ein Psalm Davids." Man könnte die hebräischen Worte auch so übersetzen: „Ein Psalm, David zu eigen", „ein Lied, das zu David gehört". Es geht also weniger um die Frage, ob David dieses Lied selber geschrieben hat. Es geht darum, dass dieses Lied zu David gehört, dass es ihm zugeordnet wird – dieser Psalm ist „David zu eigen".

David, der halbwüchsige Hirte und begnadete Harfenspieler, der vor gut 3000 Jahren in Israel lebte. David, der den schwer bewaffneten Riesen Goliath mit einer Steinschleuder besiegte. David, der für seinen König Saul Lieder auf der Harfe spielte, wenn Saul wieder von Schwermut und Depressionen geplagt wurde. Ein Leiden, das Davids Harfenspiel gelindert hat.

Aber eben auch der David, auf den König Saul dann eifersüchtig wurde und ihn erbarmungslos verfolgte. David wusste, was es heißt, Todfeinde zu haben,

Feinde, die dir Böses wollen, die dich vernichten wollen. David, der auf Gott vertraute und König von Israel wurde.

Ja, das kann ich mir gut vorstellen, dass dieser Mann sein Leben in die Bilder von Psalm 23 hineingebetet hat. So wie es Menschen nach ihm seit Jahrtausenden und bis heute tun.

Wenn ich Psalm 23 höre, dann höre ich dabei auch die brüchige alte Stimme von Frieda Mayer-Melikowa. Dann sehe ich sie wieder vor mir, die 106 Jahre alte Dame aus Georgien, wie sie in einem Seniorenheim in Süddeutschland in ihrem Sessel sitzt und langsam, Vers für Vers auswendig den Psalm betet:

„Der Herr ist mein Hirte. Mir wird nichts mangeln. Er weidet mich auf einer grünen Aue und führet mich zum frischen Wasser. Er erquicket meine Seele. Er führet mich auf rechter Straße um seines Namens willen."

Friedas Vorfahren waren aus Schwaben nach Georgien gekommen. Ihr Vater ein deutscher Pastor. Frieda wächst in Tiflis auf, heiratet dort, 1933 kommt ihre Tochter zur Welt, drei Jahre später, erzählt Frieda, bricht ihre Welt zusammen. Frieda wird von Stalins Geheimpolizei verhaftet. Ihr Verbrechen ist, die Tochter eines deutschen Pastors zu sein. Wegen „antisowjetischer Propaganda" kommt sie in ein sibirisches Straflager. Acht Jahre lang. Nach Ablauf der Haft wird diese um weitere acht Jahre verlängert.

Frieda hört nicht auf zu beten. Hat niemals damit aufgehört. Als ich sie kennenlerne, liegt mehr als ein Jahrhundert unfassbares Leben in ihrer Stimme:

„Der Herr ist mein Hirte. Mir wird nichts mangeln."

Sibirien. Damals. Nach 16 Jahren Haft wird sie entlassen. Sie erinnert sich:

„Ich bin herausgekommen aus der Gefängniskammer. Der Himmel war blau. Grünes Gras. Ich bin auf einen Hügel gestiegen. Ich habe mich auf die Erde gelegt und habe den Himmel angeschaut."

Vier weitere Jahre muss Frieda in sibirischer Verbannung leben. Ihr Mann hat sich von ihr scheiden lassen, ihre Tochter ist bei anderen aufgewachsen und der Mutter entfremdet. Erst 1957 wird Frieda von einem georgischen Gericht rehabilitiert. 1994 kommt sie als Spätaussiedlerin von Georgien nach Deutschland.

„Er weidet mich auf einer grünen Aue und führet mich zum frischen Wasser. Er erquicket meine Seele. Er führet mich auf rechter Straße um seines Namens willen."

Wenn ich Psalm 23 lese, dann höre ich wieder die Stimme von Frieda Mayer-Melikowa, die 100 Jahre lang nicht aufgehört hat, diesen Psalm zu beten. Ihre Stimme bewahrt mich davor, es mir zu schnell und sentimental gemütlich zu machen in den idyllischen Bildern des alten Liedes. Ihre Stimme erinnert mich daran, dass es immer noch Menschen gibt, die trotz aller Wölfe und mit all ihren Wunden das Vertrauen nicht aufgeben:

„Gott ist mein Hirte."

Wörtlich übersetzt heißt diese Zeile: „JAHWE" ist mein Hirte. „Jahwe", das hebräische Wort für Gott, das die Juden niemals aussprechen. Weil Gott, die Ewige und der Eine, unaussprechlich und nicht auszudenken ist. Weil das Geheimnis Gottes uns Menschen unverfügbar bleibt, und dennoch die einzig tragende Kraft ist, der wir uns im Leben und im Sterben anvertrauen können.

Der Theologe Richard Rohr schreibt über das Wort „Jahwe":

„Letztlich wurde das Wort überhaupt nicht gesprochen, sondern es wurde geatmet. Viele Experten sind überzeugt, dass die korrekte Aussprache der Versuch ist, den Klang des Ein- und Ausatmens zu repetieren und zu imitieren. Das, was wir in jedem Augenblick unseres Lebens tun, nämlich atmen, bedeutet demzufolge nichts anderes als den Namen Gottes auszusprechen, ob wir es wissen oder nicht. So wird er zu unserem ersten und letzten Wort, wenn wir die Welt betreten und wieder verlassen."

Gott – der Atem, der mich lebendig macht, ist mein Hirte.

„Er erquicket meine Seele", formuliert Luther poetisch.

„Gott bringt mir meine Lebenskraft zurück", steht im hebräischen Text.

Hier singt einer, der zu Tode erschöpft ist und zu müde, immer weiterzukämpfen. Doch Gott schenkt ihm

einen Lagerplatz, einen Zufluchtsort auf seiner Liege-
wiese, einen Ort am frischen Wasser, um zur Ruhe zu
kommen und neue Kraft zu schöpfen. Gott ist seine
Quelle der Kraft und seine Hoffnung auf Orientierung.
Denn sein Weg ins Ungewisse wird weitergehen.

„Und ob ich schon wanderte im finsteren Tal ..."

Das finstere Tal heißt wörtlich die „Todschatten-
schlucht". Das klingt wie die Romane von Karl May:
„Durch die Wüste! – Durch das Land der Skipetaren. –
Durchs wilde Kurdistan!"

Doch diese Wege waren halb so wild. Denn nun
musst du *durch das Tal der Todesschatten*. Und das ist im
Hebräischen genauso bedrohlich gemeint wie es klingt.
Denn dort ist es stockfinster und lauern tödliche Gefahren, die nach dir greifen. Das ist der Ort, wo alle Wege
enden. Dennoch musst du weitergehen.

Ich will Sie jetzt nicht das Fürchten lehren; es reicht
vollkommen, wenn Ihr Leben das immer wieder tut.
Doch ich möchte Sie und mich fragen:

Was ist Ihr Tal der Todesschatten? Was ist die Angst,
die Ihr Leben bedroht und Sie das Fürchten lehrt? Was
ist die Angst, durch die Sie gehen müssen?

„Auch im Tal der Todesschatten fürchte ich kein Unglück. Denn du bist bei mir. Dein Stecken und Stab
trösten mich."

Drei Verse lang hat der Sänger in Bildern *über* Gott
gesprochen. Nun in Vers vier wendet er sich an Gott
persönlich. Sein Lied wird zum Gebet.

Wir alle haben unsere ganz eigene Art, mit den Ängsten umzugehen, die uns das Leben schwer machen. Ich glaube, häufig geben wir uns große Mühe, unseren Ängsten irgendwie auszuweichen.

Jede und jeder von uns hat mit Verletzungen zu kämpfen, bleibenden Wunden, die uns zugefügt wurden, aber auch Schmerzen, die wir anderen zugefügt haben. In unseren Ehen und Freundschaften, beim Konkurrenzkampf mit Kollegen, die Demütigungen, die wir durch unsere Vorgesetzten ertragen mussten, der Zorn über die beißende Kritik unserer Kinder oder Eltern, die uns viel zu gut kennen, um uns nicht ins Herz zu treffen.

Wir können eine Zeit lang versuchen, diese Verletzungen zu verdrängen. Und unseren Ängsten auszuweichen. Vielleicht ist das ja manchmal für eine Zeit lang auch gar nicht der schlechteste Weg. Doch irgendwann werden Sie spüren: Nun muss ich mich meiner Verletzung stellen, nun komme ich an meiner Angst nicht mehr vorbei, nun muss ich da durch, nun gehe ich mitten hindurch durch das Tal der Todesschatten.

Dann kann ich zu mir selbst sagen: „Komm, reiß dich zusammen, nur Mut, du schaffst das schon!" Der Sänger des 23. Psalms aber wendet sich an Gott, er betet und sagt: „Ich fürchte kein Unglück, denn du bist bei mir. Dein Stecken und Stab trösten mich."

Wir können viel Zeit damit zubringen, trefflich und klug *über* Gott und unsere Bilder von Gott zu philosophieren und zu theologisieren, doch die Perspektive ändert sich, wenn wir uns *an* Gott wenden. Wenn wir erkennen, dass es im Glauben nicht um das „Für-wahr-halten" von Glaubenssätzen und Dogmen geht, sondern dass Glauben bedeutet, mein ganzes Leben mit seinen Siegen und Niederlagen, mit seiner Angst und Freude, Zuversicht und Zweifeln vor Gott zu bringen und es Gott anzuvertrauen.

„Denn du bist bei mir. Dein Stecken und Stab trösten mich."

„Siehe, ich bin bei euch alle Tage, bis an der Welt Ende", verspricht Jesus Christus im Matthäusevangelium. Als Christen vertrauen wir darauf, dass Gott, der Unaussprechliche, der Atem des Lebens, in diesem Jesus aus Nazareth seine mitfühlende Menschenfreundlichkeit gezeigt hat. Denn, so schreibt es Matthäus am Anfang seines Evangeliums noch vor der Geburt Jesu:

„Sie werden ihm den Namen Immanuel geben, das heißt übersetzt: Gott ist mit uns!" (Matthäus 1, 23)

„Darum fürchte ich kein Unglück, auch wenn ich durch das Tal der Todesschatten gehe. Denn du bist bei mir."
Es ist gut, dass du da bist.
Es ist gut.
Verirrt in vielen Fragen.
In meiner Qual der Wahl.
Inmitten meiner Klagen
bei Nacht im dunklen Tal.

Es ist gut, dass du da bist.
Es ist gut.

Wenn Worte nichts mehr sagen,
sogar der Himmel schweigt –
ich will Vertrauen wagen,
dass deine Liebe bleibt.

Es ist gut, dass du da bist.
Es ist gut.

Im Angesicht meiner Feinde

Haben Sie „Feinde"?

Gut, wir alle haben in unserem näheren und weiteren Umfeld immer wieder mal mit Menschen zu tun, die uns nicht wirklich sympathisch sind; wir alle kennen Probleme und Konflikte mit Kollegen am Arbeitsplatz, in der Familie, wo auch immer. Aber ich frage noch einmal:

Haben Sie Feinde?

Ich glaube manchmal, unterm Strich leben wir in unserer rechtsstaatlich geschützten Gesellschaft alle so wohlbehütet, dass wir uns oft gar nicht mehr recht vorstellen können, was das eigentlich ist: ein „Feind". Bis wir es dann doch erleben.

Ein Feind, das ist einer, der mir schaden will, der oder die alles daransetzt, mir Böses zuzufügen.

Ein Feind ist einer, der mich hasst und dem fast jedes Mittel recht ist, mich und meine Existenz zu beschädigen und am liebsten zu vernichten.

Haben Sie Feinde?

Mit einem Feind konfrontiert zu werden, ist eine Grenzerfahrung, die ich keinem von uns wünsche. Und doch kommt es vor.

Mancher Streit unter Nachbarn, mancher Rosenkrieg unter Eheleuten, manches Mobbing unter Schülern oder am Arbeitsplatz kann so eskalieren, dass Sie irgendwann merken: Hier helfen keine guten Worte mehr. Ich habe einen Feind, der mir schaden will. Ich fühle mich zornig, ausgeliefert und hilflos zugleich. Und ich spüre, nun werde ich ernsthaft bedroht.

„Du bereitest vor mir einen Tisch im Angesicht meiner Feinde.

Du salbest mein Haupt mit Öl und schenkest mir voll ein."

So singt der Psalmist in Vers fünf. Dieses Bild finde ich so atemberaubend und schön, dass ich es mir ausmalen möchte:

Direkt vor mir stehen meine Feinde, sie legen schon auf mich an, sie wollen mir Böses. Und Gott? Er stellt einen Tisch vor mich hin, rückt meinen Stuhl zurecht, bittet mich, Platz zu nehmen. Dann breitet er eine weiße Tischdecke aus, stellt Kerzen darauf und serviert mir zunächst einen kleinen Gruß aus der Küche, das „Amuse-Gueule". Vor dem Menü tritt Gott hinter mich und beginnt eine sanfte Kopfmassage mit teurem Salböl. Dann entkorkt Gott eine 20 Jahre gereifte Flasche edlen Chianti Classico aus der Toskana und füllt mein Glas bis zum Rand.

Und ich sitze an diesem Tisch, genieße den Wein und schaue dabei immer noch in die Mündungen der Gewehre, die meine Feinde auf mich gerichtet haben. Und Gott lächelt mich an, schenkt noch etwas Wein nach und sagt: „Wohl bekomm's!"

Ich habe Ihnen eben von Frieda Mayer-Melikowa aus Georgien erzählt. Doch ihre Geschichte ist noch nicht zu Ende. Denn was ich Ihnen noch nicht verraten habe: Als ich die 106-jährige Frieda im Seniorenheim in Süddeutschland traf, da war sie nicht allein. Sie betete den Psalm 23 gemeinsam mit einer Freundin, der 50 Jahre jüngeren Künstlerin Kathrin Feser. Schon seit Jahren besuchte Kathrin die alte Dame regelmäßig. Und immer, wenn sie sich trafen und miteinander sprachen, malte sie ein neues Bild von Frieda.

Kathrin Feser sagt dazu:

„Ich empfinde meine Bilder als meine persönliche Würdigung ihres Lebens. Eine Würdigung die ihr in den langen Jahren ihres Lebens nicht zugekommen ist. Die Bilder drücken einen tiefen Respekt vor ihrer Person aus. Vielleicht wird ja eines Tages eine ganz besondere Zeichnung entstehen, und man wird sagen: ‚Das war Frieda Mayer-Melikowa. Sie ist sehr alt geworden und hat sehr viel in ihrem Leben durchgemacht. Aber sie hat an ihrem Glauben festgehalten und sie war ein liebenswerter Mensch.‘"

Frieda selbst konnte diese Bilder nicht sehen, weil sie im Alter erblindet war. Doch die Begegnungen mit Kathrin haben ihr viel bedeutet.

Die alte Dame erzählte mir:

„Wissen Sie, was ich mit Recht sagen kann? Ich bin reich! Auch wenn ich jetzt nicht gerade reich an irdischen Gütern bin. Ich habe viele Freunde. Und Freunde kauft man nicht. Sie sind ein Himmelsgeschenk."

Im Haus Gottes

„Gutes und Barmherzigkeit werden mir folgen mein Leben lang,

und ich werde bleiben im Hause des Herrn immerdar."

Mit dieser Zuversicht und Aussicht endet der 23. Psalm. Gehen Sie sonntags gelegentlich noch in die Kirche, in das „Haus des Herrn"? Falls nicht: Sie werden Ihre Gründe haben. Und einige davon erahne ich schon. Doch wenn ich selber an das „Haus Gottes" denke, dann bin ich in Gedanken schnell im hohen Norden, zehn Minuten von der Ostsee. Im Pfarrhaus meiner Freunde Birte und Frank mit ihren sechs (!) Kindern Friedrich, Johannes, Anne, Tore, Eva und Maria.

Mindestens einmal pro Jahr besuche ich sie dort oben in Schleswig-Holstein. Und dann feiern wir erst in ihrer steinalten Kirche Sonntagnachmittag um fünf gemeinsam Gottesdienst, wo sich tatsächlich auch heute noch von der Oma bis zum Kind jede Menge Leute aus dem Dorf einfinden; und danach ziehen wir weiter in das geräumige Pfarrhaus, wo schon drei Töpfe dampfender Suppe auf dem Tisch stehen. Und alle willkommen sind. Und dann sage ich mir jedes Mal im Stillen: Von so was in dieser Art muss Gott wohl mal geträumt haben, als er sich die „Kirche" ausdachte. Das Haus, das ich mit vielen anderen besuchen möchte – am liebsten „immerdar"!

In diesem Haus

In diesem Haus, da fällt das Licht aus allen Fenstern.
Und lautes Lachen dringt schon aus der off'nen Tür.
Die Suppe dampft, und einer füllt die ersten Gläser.
Ein andrer setzt sich ans Klavier.

In diesem Haus, da muss sich keiner erst beweisen.
Und fremde Menschen kommen sich hier plötzlich nah.
Der runde Tisch ist prall gefüllt mit leck'ren Speisen.
Es ist genug für alle da.

In diesem Haus, da ist die Welt zu Gast bei Freunden.
Und alles tanzt zum Klang der indischen Sitar.
Gemeinsam singen sie dann: „Gott ist gegenwärtig."
Und alle spüren: Es ist wahr!

Dies ist das wirklich wahre Leben,
wenn wir hier beisammen sind.
Leid und Freude teil'n, und jeder bringt was ein.
Komm herein, denn das Fest beginnt.

Ein Link zu Kathrin Fesers Bildern von Frieda Mayer-Melikowa:
https://www.kathrin-feser.de/projekte

9

Ich bin kein Handwerker

Meistens geht es beim Thema Mut ja darum, etwas zu tun. Manchmal aber gehört auch Mut dazu, etwas zu lassen! In meinem Fall sind das – aus voller Überzeugung – handwerkliche Tätigkeiten in Heim und Garten!

Sagen wir gleich, wie es ist: Ich bin nicht mit Hammer und Meißel zur Welt gekommen. Ich kann nicht löten und schweißen, kann weder Fliesen noch Parkett verlegen. Und verspürte auch noch nie das Bedürfnis, es mit blutigen Fingern zu lernen. Damit hatte ich selbst auch nie ein Problem. Bis ich merkte: Echte Männer müssen so was können.

In unserem Land ist das nämlich so: Du kannst als Mann den Nobelpreis für Physik gewinnen, als Hirnchirurg täglich Leben retten oder Bundeskanzler sein – wenn du daneben nicht auch noch ein gewiefter Hand- und Heimwerker bist, giltst du in den Augen der Gesellschaft als halbe Portion. Das ist statistisch zwar nicht messbar, aber erfahrbar. Zum Beispiel in dem leisen Schmunzeln und den unverhohlen mitleidigen Blicken, die meine Frau und ich ernten, wenn wir im Freundeskreis eine Geschichte wie diese erzählen:

Der billige Plastik-Siphon unter unserer Spüle rutschte nach einigen Tagen immer wieder aus seiner Fassung, weil die Mülleimer, die davorstanden, permanent dagegendrückten. Monatelang haben wir das Teil immer wieder notdürftig reingeschraubt (ja, das habe ich irgendwie selbst gemacht), bis es sich wenig später wieder löste. Dann bestellten wir einen Handwerker. Er hörte sich das Dilemma an, schmunzelte kurz und sägte dann vier Zentimeter von dem Siphon ab. Seitdem hält das Teil. Unsere große Erleichterung konnten unsere Freunde nur bedingt nachvollziehen: „Äh, und für so eine Lappalie lasst ihr extra einen Handwerker kommen?!"

Sexy, aber nicht ohne Risiko

Ja, sicher! Weil er weiß, wie es geht. Selbermachen gilt zwar als sexy, ist aber nicht ohne Risiken. Wie ich leidvoll erfuhr, als ich einmal den Fehler beging, es doch zu versuchen: Ich habe unsere Garderobe im Flur eigenhändig an die Wand gedübelt. Hat sogar gehalten. Drei Tage lang. Dann bröselte mir die Garderobe aus der nassen Wand wieder entgegen. Dass keine zwei Zentimeter unter dem billigen Putz unser Abflussrohr verlief, hatte mir keiner gesagt. Wir taten, was wir gleich hätten tun sollen, und bestellten einen Handwerker.

Warum auch nicht?! Das sind Fachleute, die diesen Beruf gelernt haben. Ich nicht. Meine Schuhe mache ich doch auch nicht selbst. Ich verdiene Geld mit Filmemachen, Liedern und Geschichten, damit ich andere für das bezahlen kann, was sie gut beherrschen. Dieses Prinzip der modernen Arbeitsteilung leuchtet doch auch den meisten ein; nur nicht in Sachen Heimwerken.

Da hält sich hartnäckig das archaische Klischee, dass „Mann" so was eben kann.

Zum Glück bin ich seit über 30 Jahren mit einer Frau verheiratet, die meine Heimwerker-Phobie geduldig, tapfer und lösungsorientiert erträgt. Der britische Schriftsteller Georg Bernhard Shaw hat gesagt: „Gute Freunde sind Gottes Entschuldigung für schlechte Verwandte." Meine Frau pflegt hingegen zu sagen: „Handwerklich begabte Freunde sind Gottes Entschuldigung für meinen Ehemann!" Womit ich die haushaltsinterne Lösung vieler unserer Baustellen bereits angedeutet habe. Wir wägen einfach jedes Mal ab: Bestellen wir gleich einen Profi – oder fragen wir einen Freund? Letzteres ist natürlich heikel. Wer will schon ständig seinen Freunden mit so was auf die Nerven gehen? Und vor allem: Wie bedanken wir uns hinterher angemessen?

Friedhelm „Help"

Diese Frage wurde besonders drängend, als meine Frau schon vor über 20 Jahren ihren befreundeten Arbeitskollegen Friedhelm gebeten hatte, uns beim „Ausbau" unseres neuen Reihenhauses zu helfen. Was Friedhelm gerne und mit – für mich völlig unvorstellbarer – Fachkompetenz dann auch tat. Zum Dank tat ich das, was ich eben besser kann als Handwerken, und schrieb ein Lied für ihn, auf die Melodie des Beatles-Klassikers „Help". Wer mitsingen möchte, bitte schön:

Als ich noch jünger war, da dachte ich bei mir:
Wenn was kaputtgeht, dass ich das alleine reparier.
Doch heut weiß meine Frau, dass ich das gar nicht kann.
Und immer dann, wenn Not am Mann ist, ruft sie einen an:

Hilf uns, lieber Friedhelm, wir sind down!
Bitte hilf den alten Schrank zusamm'nzubaun.
Hilf, bevor mein Mann und ich uns haun.
Won't you please, please help me!

Vor Jahren zogen wir in unser Reihenhaus.
Wir kannten einen, der kennt sich mit so was bestens aus.
Er brachte Lampen an, hat Schalter installiert.
Ein echter Mann, der so was kann – und mich damit blamiert.

Hilf uns, lieber Friedhelm, beim Parkett.
Komm, verlege unsern Boden, Brett für Brett!
Hilf uns, lieber Friedhelm, sei so nett!
Won't you please, please help me!

Ja, natürlich gibt es in unserem handwerkerlosen Haushalt jedes Mal auch eine gewisse Peinlichkeitsschwelle zu überwinden, bevor wir dann eben doch um fachkundige Hilfe bitten. Die Folge davon: Vieles in unserem Haus ist und bleibt ein Provisorium. Unser schönes Holzbett zum Beispiel. Das wurde an den vier Ecken von so kleinen Holzstiften zusammengehalten, die einfach ineinandergeschoben waren. Verklebt haben wir sie nie, weil wir dachten, dass wir die Teile dann ja nie wieder getrennt kriegen. Nun ja, die Konsequenz war, dass auf meinem Nachttisch immer ein Gummihammer lag, mit dem wir alle paar Tage die Holzteile des Bettes wieder zusammengeklopft haben. Als wir dann schließlich doch einen Handwerker kommen ließen und der sich das Ganze ansah, war es um seine Fassung geschehen. Er stammelte nur noch „Entschuldigung!" und bog sich vor lachen. Dann verklebte er die Teile („Kein Problem, das Bett kriegen Sie trotzdem später wieder zerlegt."), presste das Ganze mit riesigen Schraubzwingen zusammen und fertig.

Unfallfrei und gesund

Ich höre im Geiste schon, wie sich alle gewieften Heimwerker nun beim Lesen amüsiert auf die Schenkel klopfen. Macht nichts. Damit komme ich klar. Und gebe zu bedenken, was mir aufgrund meines mangelnden Talents alles erspart bleibt: Ich bin noch nie beim Lampenfixieren von der Leiter gefallen, habe mir noch nie beim Brettersägen einen Finger amputiert oder beim Reparieren der Waschmaschine den Keller geflutet.

Denn wenn eines beim archetypischen Heimwerkermann kein Klischee, sondern Realität ist, dann ist das seine Neigung zur chronischen Selbstüberschätzung mit unabsehbaren Folgen für die Gesundheit. Aus welcher frühen Epoche der Evolution die stammt, mögen die Verhaltensforscher erklären. Jedenfalls ist es wohl kaum genetisch bedingt, wenn Mädchen mit Puppen spielen und kochen lernen, während Jungs irgendwas bauen und basteln. Der Handwerker, der vor Jahren fachkundig unseren Herd reparierte, war übrigens eine Handwerkerin. Wer hätte das gedacht?

Andererseits soll es ja immer noch Männer geben, die zwar hobbymäßig ohne Probleme ein ganzes Dach gedeckt kriegen, aber am Herd schon mit Spiegeleiern vollkommen überfordert sind. Da bin ich jetzt mal aus dem Schneider. Kochen erfordert zwar durchaus auch „handwerkliche" Erfahrung. Aber das ist für mich kein Problem. Ich koche nämlich oft – und gut! Meint zumindest meine Frau. Im post-emanzipatorischen Zeitalter des 21. Jahrhunderts stellt sich darum die Frage: Warum müssen immer noch alle Männer Heimwerker sein und alle Frauen kochen können?

10 Der Regenbogen

Woran denken Sie, wenn Sie am Himmel einen Regenbogen sehen? Woran Gott dabei denkt, wird im ersten Buch der Bibel erzählt:

„Meinen Bogen habe ich gesetzt in die Wolken; der soll das Zeichen sein des Bundes zwischen mir und der Erde. Und wenn es kommt, dass ich Wetterwolken über die Erde führe, so soll man meinen Bogen sehen in den Wolken. Alsdann will ich gedenken an meinen Bund zwischen mir und euch und allem lebendigen Getier" (Genesis 9,13f.).

Dieses Versprechen Gottes ist das farbenprächtige Finale einer der berühmtesten und zugleich grausamsten Geschichten der Bibel: die Erzählung von Noahs Arche. Sie beginnt in Genesis 6:

„Und der Herr sah, dass die Bosheit des Menschen groß war, und es reute den Herrn, dass er den Menschen gemacht hatte, und es bekümmerte ihn in sein Herz hinein! Und der Herr sprach, ich will den Menschen, den ich geschaffen habe, von der Fläche des Erdbodens auslöschen."

Wohlgemerkt: Gottes Geschichte mit den Menschen und mit seiner Schöpfung ist bis hierhin gerade mal sechs biblische Kapitel alt! Bis hierhin war zwar Bemerkenswertes, aber eigentlich noch nicht allzu viel an menschlicher Historie passiert. Gott erschafft die Welt und den Menschen. Adam und Eva essen das verbotene Obst. Kain tötet seinen Bruder Abel. Danach werden noch schnell eine ganze Reihe weiterer Generationen von Menschen aufgelistet. Und schon heißt es:

„Als aber der HERR sah, dass der Menschen Bosheit groß war auf Erden und alles Dichten und Trachten ihres Herzens nur böse war immerdar, da reute es Gott, dass er den Menschen gemacht hatte. Und es bekümmerte ihn in sein Herz hinein."

Gott ringt hier nicht mit seiner Schöpfung oder mit den Menschen. Er ringt mit sich selbst! War der Mensch vielleicht doch ein einziger Konstruktionsfehler? Ein bedauerlicher Irrtum?

Die Geschichte wird so erzählt, dass Gott hier offenbar mit sich ins Reine kommen will, und zwar auf äußerst brutale Weise: Gott beschließt, alle Menschen zu vernichten, alle bis auf eine Familie: der gute Noah und seine Angehörigen sollen davonkommen. Von diesem Mann erfahren wir nicht allzu viel. Nur, dass er gerecht war und mit Gott lebte. Ihm erteilt Gott den Auftrag, die Arche zu bauen, und erklärt ihm, was er vorhat, nämlich fast alles Leben auf Erden durch eine große Flut zu vernichten.

Was antwortet Noah auf diese ungeheuerliche Neuigkeit und den seltsamen Auftrag?

Noah antwortet Gott – NICHTS!

Er reagiert so, wie viele Männer es bis heute tun: Er geht wortlos in den Baumarkt und fängt an zu zimmern. Und so wird es bis zum Ende der Erzählung bleiben.

Noah schweigt VIER volle Kapitel lang. Er schweigt und baut. Erst als alles vorbei ist, hört man ihn einmal kurz etwas sagen über seine Söhne. Der Mann war also nicht stumm. Warum schweigt Noah? Er schweigt, weil es für die Erzählung nicht wichtig ist, was er zu sagen hätte. Noah ist als Erbauer der Arche zwar weltberühmt geworden, aber in der dramatischen Handlung ist er kaum mehr als ein Statist. Den eigentlichen Konflikt trägt Gott in geheimnisvoller Weise mit sich selbst aus.

Was dann geschieht, ist bei aller Brutalität im Grunde auch schnell erzählt. Noah baut die Arche fertig. Die verheißene Flut kommt. Alles Leben auf Erden ertrinkt, bis auf Noah, seine Familie und die Tiere auf der Arche. Als Noah endlich wieder Land sieht, baut er einen Altar für Gott und opfert ein Brandopfer für ihn.

Nun steht da wörtlich in Genesis 8,21:

„Und der Herr roch den beschwichtigenden Geruch des Opfers."

Gott, der rasend vor Zorn war, wird beschwichtigt.

„Und Gott sprach in seinem Herzen …" – wieder führt Gott ein Selbstgespräch. Und trifft nun eine folgenschwere Entscheidung für die Zukunft der Menschheit:

„Nicht noch einmal will ich den Erdboden verfluchen wegen des Menschen! Denn Noah ist ja ein gottesfürchtiger Mann – und mit ihm und seiner Familie werde ich noch einmal ganz von vorn anfangen …"

Ja, diese Begründung wäre einleuchtend gewesen. Im biblischen Text steht aber etwas ganz anderes:

„Nicht noch einmal will ich den Erdboden verfluchen wegen des Menschen! Denn das Sinnen und Trachten des Menschen ist böse von Jugend auf!" (Genesis 8, 21)

Ich finde es immer wieder aufregend, wie mutig in der hebräischen Bibel von Gott erzählt wird. Denn die Rückfrage muss erlaubt sein: Wusste Gott das nicht schon VOR der Sintflut? Antwort: Ja! Wusste er. Ist nicht logisch. Ist aber so. Punkt. Jedenfalls stellt die Erzählung hier eines klar: Gott macht sich keine Illusionen über die Zukunft von Noahs Nachkommen! Gott glaubt nicht, dass diese Menschen „bessere" Menschen sein werden. Trotzdem entscheidet sich Gott so:

„Nicht noch einmal will ich alles Lebendige schlagen, wie ich es getan habe. Von nun an, alle Tage der Erde, sollen nicht aufhören Saat und Ernte, Frost und Hitze, Sommer und Winter, Tag und Nacht!" (Genesis 8, 22)

Und dann schließt Gott einen Bund mit Noah und allen seinen Nachkommen, also auch – wenn wir der Geschichte folgen – mit Ihnen und mir – sowie mit seiner ganzen Schöpfung:

„Ich richte meinen Bund mit euch auf, dass nie mehr alles Leben ausgerottet werden soll durch das Wasser der Flut. Und nie mehr soll es eine Flut geben, die Erde zu vernichten. – Meinen Bogen setze ich in die Wolken, und er sei das Zeichen des Bundes zwischen mir und der Erde. – Wenn der Bogen in den Wolken steht, werde ich ihn ansehen, um an den ewigen Bund zu denken zwischen Gott und jedem lebenden Wesen, das auf Erden ist" (Gen 9,11.13.16)

Die Geschichte von Noahs Arche und der schrecklichen Flut ist eigentlich die Geschichte des Regenbogens.

Die biblische Erzählung möchte uns gar nicht das im Grunde Unerklärliche erklären, warum Gott so grausam sein konnte, und nur einen Mann mit seiner Familie davonkommen ließ. Sie möchte erklären, dass Gott seiner Schöpfung und jedem seiner Menschen die Treue hält.

Wir sollen uns nicht gruseln über das Katastrophenszenario der Sintflut und uns Gedanken machen darüber, wie groß die Arche sein musste für all ihre Passagiere und wie eigentlich die Eintagsfliegen das Ganze überstanden haben. Wir sollen über Gottes verlässliche Treue staunen, wenn wir seinen Bogen am Himmel sehn.

„Käschät", das hebräische Wort für Regenbogen, meint eigentlich den Bogen als Waffe und wird so an vielen anderen Stellen der Bibel auch gebraucht. Genau das ist auch hier gemeint: Gott legt die Waffen nieder. Er hängt seinen Kriegsbogen nicht an den Nagel, sondern an den Himmel.

Und jedes Mal aufs Neue, wenn ich den Regenbogen sehe, dann stelle ich mir vor:

Auch Gott sieht jetzt den Bogen an, und der erinnert ihn daran, wie Gott einst seinen Frieden mit uns machte.

Wird's dann nicht allerhöchste Zeit, dass auch wir Menschen unseren Frieden mit Gottes Schöpfung machen?

In deinen Augen

Persönliche Empfehlung:
Sag nicht zu schnell: „Den kenn ich doch schon so lange!"
Sag nicht zu früh, dass du schon alles weißt
von deinem Freund und deiner Freundin,
deinen lang bekannten Menschen.
Du sagst: „Den kenn ich!" –
und weißt grad mal, wie er heißt.

Auch die vertrauten Menschen haben ihr Geheimnis.
Auch deinen Freunden schaust du selten nur ins Herz.
Doch wenn es aufgeht, wenn die Hintertür sich öffnet,
dann sitzt du da und schweigst mit off'nem Mund.
Dann halte still! Erleb dein blaues Wunder.
Und Wunder, das ist auch die Steigerung von „wund".

Ich sitz dir gegenüber und schau in deine Augen.
Wir haben keine Zeit mehr für Sprüche, die nichts taugen.
Was hier passiert, geht tiefer. Das wird uns beiden plötz-
lich klar.
Und du fängst an zu reden von deinen alten Wunden.
Sie blieben all die Jahre vernarbt und unverbunden.
Du hattest sie verborgen. Nun kehrt zurück, was damals war.

In deinen Augen spiegelt sich – das Licht.

Ich sitz dir gegenüber und hör dich leise sprechen.
Ich möchte schrein und würd gern dein Schicksal blutig rächen.
Ich weine deine Tränen, und du ergreifst nur meine Hand.
Du schaust mich an, als wolltest du mich nun dafür trösten,
dass keine Engel da warn, die dich als Kind erlösten.
Doch du hast standgehalten, bis dich das Leben wiederfand.

In deinen Augen spiegelt sich – das Licht.

Wir sitzen da und schweigen. Es gibt nichts mehr zu sagen.
Du wirst die alte Wunde für immer mit dir tragen.
Doch deine Augen leuchten wie helle Kerzen in der Nacht.
Was du mir anvertraut hast, das kann ich niemals fassen.
Auch in den tiefsten Tälern sind wir nicht gottverlassen.
Du hast dich nicht verloren. Die Liebe hat dich stark ge-
macht.

In deinen Augen spiegelt sich – das Licht.

12

Du bist ein Gott, der mich sieht

„Wenn ich den Himmel sehe, das Werk deiner Finger – was ist der Mensch, dass du an ihn denkst?" fragt sich der Sänger von Psalm 8.

Wann haben Sie denn das letzte Mal über diese unfassbare Erkenntnis gestaunt? Für mich jedenfalls gehört diese Aussage zu den vollkommen unfassbaren und unverschämt steilen Behauptungen der christlich-jüdischen Tradition:

Wir glauben nicht nur, dass Gottes schöpferische Energie der Ursprung aller Galaxien und die Quelle allen Lebens ist. Wir vertrauen auch darauf, dass dieser unbegreiflich andersmächtige Gott sich für jeden einzelnen Menschen, der über diesen Planeten spaziert, *persönlich* interessiert!

Von dieser Glaubenserfahrung berichten Menschen seit vielen Tausenden von Jahren und sie ist so atemberaubend, dass wir am besten gleich noch mal ganz von vorn anfangen.

Im ersten Buch der Bibel, in Genesis, Kapitel eins, wird in poetischer Sprache erzählt, wie Gott die Welt erschuf. Und dann steht in Vers 31: „Und Gott sah *alles* an, was er gemacht hatte. Und siehe, es war sehr gut."

Sechzehn Kapitel später, in Genesis 16,13, hören wir zum ersten Mal, wie ein einzelner Mensch zu

Gott sagt: „Du bist El Roi! Du bist ein Gott, der *mich* siehst!"

Der Bibelvers ist berühmt. Doch was wir dabei schnell übersehen, ist die Person, die diese gewaltige Glaubenserfahrung äußert. Diese Person ist weder Adam, noch Abraham. Kein Prophet oder theologisch geschulter Weisheitslehrer.

„Du bist ein Gott, der mich sieht", das sagt eine ägyptische Sklavin. Und die ist da gerade auf der Flucht vor der bedrückenden Willkür ihrer Besitzerin. Die erste Person in der Bibel, die Gott so beschreibt, ist eine rechtlose und gedemütigte Frau, die noch dazu aus einem ganz anderen Kulturkreis kommt als der berühmte Stammvater des jüdischen Volkes Abraham. Eine versklavte Frau auf der Flucht, ist die Erste, die bekennt:

„Ich bin ein angesehener Mensch, weil du, Gott, mich ansiehst!"

Und ich finde: Wenn Sie und ich diesen großen Satz heute flüsternd nachsprechen, dann sollten wir dabei auch diese ägyptische Sklavin vor Augen haben.

Gott hat eine Vorliebe für die Versklavten und Gedemütigten, für die Armen und die Menschen auf der Flucht vor Gewalt und menschlicher Willkür. Diese Vorliebe Gottes ist so alt wie der Glaube und durchzieht die ganze Bibel, auf die wir uns mit unserem Glauben bis heute berufen.

Und auch heute noch sind weltweit 40 Millionen Menschen von Sklaverei betroffen, Kinder und Erwachsene werden in Fabriken, Haushalten, Bordellen und Minen festgehalten, ausgebeutet und missbraucht.

Noch höher ist die Zahl von Menschen auf der Flucht. Nach einem Bericht des UNHCR, des Flüchtlingshilfswerkes der Vereinten Nationen, beträgt die Zahl der weltweit gewaltsam vertriebenen Menschen aktuell 103 Millionen.

Jede und jeder von ihnen ist ein angesehener, von Gott persönlich gesehener Mensch. Das sollten wir nicht übersehen, sondern im Gegenteil, genauer hinschauen. Was ich jetzt tun möchte mit der Frage: Wer war diese Frau, die Gott „El Roi" genannt hat, den Gott, der mich sieht.

Ihr Name ist Hagar. Sie lebte im Haushalt von Abram und Sarai. Ein Ehepaar, das Jahre zuvor seine Heimat verlassen hatte. Sie waren unterwegs in ein Land, das Gott ihnen versprochen hat. Und nicht nur das: Gott hatte ihnen zahlreiche Nachkommen versprochen. Das Problem war nur, dass Sarai offenbar keine Kinder bekommen konnte. Also schlug sie ihrem Mann irgendwann eine Notlösung vor, die uns heute völlig zu Recht menschenunwürdig vorkommt, aber damals im Alten Orient durchaus üblich war. Sarai schlägt Abram ihre ägyptische Sklavin Hagar als Leihmutter vor. Abram soll mit ihr ein Kind zeugen, das dann als Sarais Kind angesehen würde. Hagar wird dazu nicht gefragt. Sie galt als rechtloses Eigentum ihrer Besitzerin und hatte sich zu fügen.

Das war der Beginn einer komplizierten Dreiecksbeziehung, in der es vor allem um eines ging: Um Ansehen, das durch sozialen Status definiert wird.

Sarai konnte es sich nicht leisten, kinderlos zu bleiben. Damals der schlimmste Makel für eine Frau, durch den sie jegliches Ansehen eingebüßt hätte. Das sieht offenbar auch Abram so und folgt ihrem Rat. Hagar, die Sklavin wird schwanger und gilt fortan als Nebenfrau von Abram. Für Hagar ein sozialer Aufstieg, durch den sie mehr Ansehen gewinnt. Was sie ihre Herrin Sarai auch spüren lässt. Darüber beschwert sich Sarai bei Abram, der nun seinerseits aufpassen muss, als Familienoberhaupt nicht das Gesicht zu verlieren, worunter nun wiederum sein Ansehen leiden würde.

Abram beschließt, sich an die damals gültige gesellschaftliche Rechts- und Hack-Ordnung zu halten. Und sagt zu Sarai: „Hagar ist immer noch deine Sklavin. Mach mit ihr, was du willst."

Vor die Wahl gestellt, dem Ansehen seiner Frau oder dem der Nebenfrau zu schaden, entscheidet sich Abram für das Naheliegende und degradiert die Nebenfrau wieder zur reinen Sklavin.

Sarai nimmt den Freibrief dankend an und behandelt ihre Sklavin fortan so mies, dass Hagar es irgendwann nicht mehr aushält. Hals über Kopf ergreift die schwangere Frau die Flucht und flieht in die Wüste.

Bis hierhin bleibt festzuhalten: Es geht – vorsichtig formuliert – äußerst menschlich zu in dieser biblischen Dreiecksgeschichte. Jedenfalls nicht sonderlich tugendhaft oder vorbildlich. Sondern mit einem Netflix-reifen wilden Mix aus Eifersucht, Hochmut und Niedertracht gepaart mit Machtkämpfen und der steten Angst, das Gesicht zu verlieren. Die Angst, das eigene Ansehen könnte irgendwie Schaden nehmen.

Kommt Ihnen das aus Ihrem Alltag irgendwie bekannt bevor?

Wie viel Kraft und Zeit investieren wir in unsere Selbst-Performance auf Facebook, Instagram & Co, in dem erbitterten Kampf um Aufmerksamkeit nach dem unerbittlichen Motto: Du musst immer gut aussehen, damit viele dich ansehen. Und was haben wir eigentlich am Ende davon?

Was Abrams Frau Sarai vom Schikanieren ihrer schwangeren Sklavin hatte, das hörten wir bereits: Hagar macht sich davon. Die unerwartete Wendung. Eben noch war Hagar nur eine Schachfigur im Familienplanungsspiel von Sarai und Abram, nun nimmt sie ihr Schicksal selbst in die Hand. Und flieht. In die Wüste. Mit welcher Aussicht, welchem Ziel? Wir erfahren es nicht. Doch wir ahnen, das kann nicht gut ausgehen. Haben dabei aber ganz vergessen zu fragen:

Was hält Gott eigentlich von dieser reichlich verkorksten Familienplanungs-Geschichte?

Bis hierhin gar nichts, will sagen: bis hierhin von Gott: kein Kommentar. Doch das ändert sich genau hier.

„Ein Engel des Herrn fand Hagar an einer Wasserquelle in der Wüste. Sie war am Brunnen auf dem Weg nach Schur. Der Engel fragte: ‚Hagar, du Magd Sarais, wo kommst du her und wo gehst du hin?‘ Sie antwortete: ‚Ich bin auf der Flucht vor meiner Herrin Sarai.‘“ (Genesis 16, 7-8)

Womit Hagar nur den ersten Teil der Frage beantwortet. Sie weiß, wo sie herkommt, hat aber eigentlich keinen blassen Schimmer, wo sie eigentlich hinwill. Eine ziemlich trostlose Lage, aus der sie Gottes Engel doch nun sicher befreien wird, wo er schon mal da ist, oder?

„Da sagte der Engel des Herrn zu ihr: ‚Kehre zu deiner Herrin zurück und ordne dich ihr unter!‘“

Okay, das darf jetzt nicht wahr sein, finden Sie nicht? Eben hofften wir noch darauf, dass Gott diese gedemütigte Frau auf wundersame Weise in die Freiheit führt, und nun schickt er sie zurück in denselben Schlamassel, aus dem sie gerade geflohen ist?

Ich versuche mal zwei Antworten, auch wenn sie an dieser Stelle der Geschichte nur ein schwacher Trost für die ausbleibende hollywoodreife Befreiungsgeschichte sind.

Die erste: Welche Chance hätte die schwangere, entlaufene Sklavin allein in der Wüste gehabt? Die Rückkehr zu ihrer unangenehmen Besitzerin ist das kleinere Übel, um irgendwie zu überleben. Für die schwangere Mutter und für ihr ungeborenes Kind.

Die zweite Antwort: Die Netflix-Serie über Abram, Sarai und Hagar ist an dieser Stelle längst noch nicht zu Ende. Sie wird noch eine weitere überraschende Folge haben, die fünf Kapitel später im Buch Genesis erzählt wird.

Also üben wir uns kurz in Geduld und kehren zurück zu dem Engel, der Hagar noch mehr zu sagen hat und ihr eine Botschaft von Gott persönlich ausrichtet.

„Ich werde deine Nachkommen so zahlreich machen, dass man sie nicht zählen kann." Der Engel des Herrn fügte hinzu: „Du bist schwanger und wirst einen Sohn zur Welt bringen. Den sollst du Ismael, Gott hat gehört, nennen. Denn der Herr hat dich gehört, als du ihm deine Not geklagt hast." (Genesis 16, 10-11)

Gott gibt der gedemütigten ägyptischen Sklavin die gleiche Verheißung wie Abram: Du wirst zahllose Nachkommen haben. Und Gott wird auf dich achthaben; was dich bedrückt und bewegt, hat Gott gehört und gesehen.

Diese gänzlich unverhoffte himmlische Wertschätzung trifft Hagar mitten ins Herz. Und so wird sie zum ersten Menschen in der Bibel, der Gott einen Namen gibt: Du bist „El Roi", ein Gott, der mich sieht.

Und wer sieht dich?
Sieht zu dir auf oder durch dich hindurch
und an dir vorbei? Über dich hinweg und dann auf dich herab?
Wer sieht dich?
Wer sieht dir an, was du denkst? Wer schaut sich ab, was du tust?
Wer sollte sich bei dir vorsehen, und hat dann doch das Nachsehen?

Wer sieht dich?
Und wenn Blicke töten könnten, wärst du dann noch am
Leben
oder selber schon zur Mörderin geworden?
Wirst du kritisch beäugt oder staunend begafft?
Argwöhnisch betrachtet oder entgeistert angestarrt?
Wer sieht dich?
Also ich sehe das so:

Fürchte dich nicht

Manchmal wirst du fragen, wer du bist.
Manchmal fühlt das Herz sich schwach und klein.
Doch ich wünsch dir, dass du nie vergisst:
Was auch kommt, du bist niemals allein.

Manchmal wirst du wie durch Feuer gehn.
Manchmal wird nur Nebel um dich sein.
Manchmal ist das Ziel nicht mehr zu sehn.
Doch auch dann gehst du niemals allein.

Fürchte dich nicht! Gott flüstert deinen Namen.
Und er schenkte deinem Herzen sein Gesicht.
Fürchte dich nicht! Gott flüstert deinen Namen
und wird halten, was er liebevoll verspricht.

Wir lesen in der biblischen Erzählung nichts darüber, was Hagar in ihrem Herzen bewegte, als sie dann tatsächlich zu Sarai und Abram zurückkehrte. Aber ich wünsche mir – für Hagar und für uns alle –, dass sie die Erfahrung gemacht hat: Nun kann ich aufhören, verzweifelt um mein Ansehen zu kämpfen. Ich bin schon ein angesehener Mensch, weil der lebendige Gott mir begegnet ist und mich so liebevoll anschaut, wie kein Mensch mich je gesehen hat.

Wie hat Sarai, wie hat Abram auf Hagars Rückkehr reagiert? Ich fasse möglichst knapp zusammen, was die Bibel dazu berichtet. Verbunden mit der Empfehlung, die ganze Geschichte einmal in Genesis, Kapitel 16 bis 21 in Ruhe nachzulesen.

Zurück im Haushalt von Sarai und Abram: Hagar bringt ihren Sohn Ismael zur Welt. Danach überstürzen sich die Ereignisse, aber zunächst nur für Abram und Sarai. Denn Gott kündigt ihnen an, dass Sarai noch ein eigenes Kind bekommen wird, was die betagten Eheleute zunächst ziemlich lustig finden. Aber Gott bleibt bei seiner Zusage und gibt den beiden neue Namen. Fortan heißen sie Sara und „Abraham", was „Vater einer großen Menge" bedeutet.

Danach muss Abraham erst mal seinen Neffen Lot retten, der sich mit den heute sprichwörtlich gewordenen bösen Menschen von Sodom und Gomorrha eingelassen hatte. Und dann – oh Wunder – wird Sara wirklich schwanger und bringt ihren Sohn Isaak zur Welt.

Zunächst ist die Freude groß im Hause Abraham. Doch schon bald, wer hätte das gedacht, nimmt die nächste menschliche Katastrophe ihren Lauf. Sara meint, dass Hagars Sohn Ismael ihren süßen kleinen

Isaak ständig dissen würde und tut erneut, was sie schon einmal tat, nur noch krasser. Sie sagt zu Abraham:

„Jag diese Sklavin fort, mitsamt ihrem Sohn! Denn der Sohn dieser Sklavin soll nicht dein Erbe sein, gemeinsam mit meinem Sohn Isaak.'

Die Äußerung ärgerte Abraham sehr, schließlich ging es um seinen Sohn. Aber Gott sagte zu Abraham: ‚Mach dir keine Sorgen um deinen Sohn und deine Sklavin. In allem, was Sara dir rät, kannst du ruhig auf sie hören. Denn nur Isaaks Nachkommen sollen als deine rechtmäßigen Nachkommen gelten. Doch auch den Sohn der Sklavin will ich zum Stammvater eines Volkes machen. Denn er ist ja ebenfalls dein Kind.'

Am nächsten Morgen stand Abraham früh auf. Er nahm Brot und einen Schlauch mit Wasser und legte beides auf Hagars Schultern. Dann gab er ihr den Jungen und schickte sie fort." (Genesis 21, 10-14)

Ja, Sie haben richtig gelesen! Abraham und Sara schicken die Mutter und ihr Kind in die Wüste, mutterseelenallein. In Sachen menschlicher Abgründe ist diese zweite Geschichte noch wesentlich brutaler als die erste.

Gut, immerhin ist Abraham nicht wirklich einverstanden mit dieser grausamen Idee, doch Gott beruhigt sein schlechtes Gewissen und verspricht, auf Hagar und das Kind aufzupassen.

Leider, und das vermisse ich wirklich schmerzlich in dieser Geschichte, erfährt die Betroffene selbst nichts von diesem tröstlichen Zuspruch, weder von Gott noch von Abraham. Hagar weiß nicht, wie ihr geschieht. Wieder verfügen andere über ihr Schicksal und das ihres Kindes. Entsprechend ratlos und verzweifelt geht die Geschichte weiter:

„Sie zog los und irrte durch die Wüste bei Beerscheba. Als der Wasserschlauch leer war, legte sie den Jungen unter einen Strauch. Sie ging etwa einen Bogenschuss weit weg, setzte sich hin und dachte: ‚Ich kann nicht mit ansehen, wie der Junge stirbt.‘ So saß sie da und weinte laut.“ (Genesis 14,b-16)

Erinnern Sie sich? In der ersten Geschichte machte Hagar Rast an einer Wasserquelle. Dieses Mal kommt es schlimmer. Sie sitzt in der Wüste auf dem Trockenen, nah am Verdursten. Kein rettendes Wasser in Sicht. Die Frau, die vor Jahren voller Vertrauen sagte: „Du bist ein Gott, der mich ansieht“, erlebt nun als Mutter in der grausamen Wirklichkeit das genaue Gegenteil und kann nicht mit ansehen, wie ihr Kind stirbt.

Und wenn Sie und ich in dieser, unserer Welt heute nicht wegsehen, sondern hinschauen, dann müssen wir sagen: Ja, diese brutalen Bilder kennen wir. So kalt und gnadenlos erleben es viele Menschen auch heute.

Doch Hagars Geschichte ist noch nicht zu Ende.

„Als Gott das Weinen des Jungen hörte, rief ein Engel Gottes vom Himmel her zu Hagar: ‚Hagar, was ist mit dir? Fürchte dich nicht! Gott hat das Weinen des Jungen gehört, der dort liegt. Steh auf, heb den Jungen hoch und halt ihn fest in deinen Händen! Denn ich will ihn zum Stammvater eines großen Volkes machen.‘

Da öffnete Gott ihr die Augen und sie sah einen Brunnen.
Sie ging hin, füllte den Schlauch mit Wasser und gab dem
Jungen zu trinken.
Gott war mit dem Jungen und so wuchs er heran." (Gene-
sis 21, 17-20)

Der Brunnen, an dem Gott Hagar zum ersten Mal
erschienen war, hieß „Beer Lachai Roi", zu Deutsch:
„Brunnen des Lebendigen, der nach mir sieht". Nun,
Jahre später, öffnet Gott Hagar in höchster Not die Augen für diesen Brunnen des Lebens. Nun sieht sie es, das
neue Leben, das Gott ihr schenkt.

Und die entscheidende Frage an Sie und mich lautet: Spiegelt sich auch dieses wunderbare Finale der
Geschichte in unserer Welt wider, in Ihrem und meinem Alltag und in unseren täglichen Lebenskonflik-
ten? Oder ist dieses himmlische Happy End einfach zu
schön, um heute noch wahr zu werden?

Vor Jahrzehnten sang der Liedermacher Stephan
Sulke:

„Du lieber Gott, komm doch mal runter und schau dir
die Bescherung selbst an.

Du lieber Gott, komm doch mal runter. Ich schwör'
dir, dass man hier verzweifeln kann."

Als Christen halten wir fest an der Hoffnung, dass
Gott genau das schon getan hat und runtergekommen
ist zu uns. Wir vertrauen einem heruntergekommenen
Gott. Der sich nicht raushält aus dem, was seine Kreatu-
ren bewegt. Wir vertrauen auf Jesus Christus, der am eigenen Leib erfahren hat: Es ist nicht leicht, ein Mensch

zu sein. Und der versprochen hat: „Siehe, ich bin bei euch alle Tage, bis an der Welt Ende."

Öffne mir die Augen für das Wunder

Öffne mir die Augen für das Wunder.
Du bist da in jedem Augenblick.
Gott all meiner Lebensjahreszeiten,
du begleitest mich durch Leid und Glück.

Öffne mir die Augen für das Wunder.
Deine Liebe trägt die ganze Welt.
Trägt auch mich und lässt mein Herz pulsieren,
lehrt mich, was im Leben wirklich zählt.

Öffne mir die Augen für das Wunder.
Deine Lebenszeichen will ich sehn.
Deine Lebensworte will ich hören,
deinen Weg der Liebe will ich gehn.

Öffne mir die Augen für das Wunder.
Öffne meine Augen für dich.

13 Zünde eine Kerze an!

Es gibt viele Bilder aus der Zeit der Corona-Pandemie, an die wir bitte nicht erinnert werden möchten. Es gibt aber auch Bilder, die bleiben werden. Bilder von Menschen, die mitten in der Katastrophe zu leuchtenden Vorbildern wurden.

Für mich waren das im März 2020 die Bilder unserer italienischen Nachbarn in Neapel. Wie sie in ihren Hochhaussiedlungen an den Fenstern standen. Und gesungen haben. Lauthals und aus vollem Herzen. Wie nur die Italiener singen können. „Abraccia me", „Umarme mich", „Bella ciao" und „Azzurro" von Adriano Celentano.

Als ich sie singen hörte, und an den Fenstern lachen und tanzen sah, eingeschlossen in ihren Wohnungen, aber nicht mehr allein, da spürte ich wieder, was uns zu Menschen macht. Und dass wir alle zusammengehören. Und dass die Liebe, die uns verbindet und die Hoffnung, die uns trägt, noch ansteckender sind als jedes noch so infektiöse Virus.

Dann las ich irgendwo, dass in diesem Frühling 2020 viele Menschen abends eine Kerze ins Fenster stellen, ihr kleines Licht der Hoffnung in dunkler Zeit.

Am nächsten Tag schrieb ich dieses Lied:

Zünde eine Kerze an

Zünde eine Kerze an! Dein Licht der Hoffnung.
Heute soll es leuchten für die Welt.
Zünde eine Kerze an! Dein Lebenszeichen.
Seht, wie unser Licht die Nacht erhellt.

Es leuchtet für die Menschen, die wir lieben.
Und für alle, die grad einsam sind.
Es leuchtet für Gebete, die wir flüstern,
für den Funken Mut, der in uns glimmt.

Es leuchtet für die Menschen, die uns helfen,
für die Ärztin und die Pflegerin.
Es leuchtet für den Trost, den wir jetzt brauchen,
für den Abschied und den Neubeginn.

Es leuchtet für die Welt an allen Orten,
Mailand, Sao Paulo und Madrid.
Es leuchtet für die Kraft, die uns verbindet,
für den liebevollen nächsten Schritt.

Und dann haben auch wir angefangen zu singen. Mit unseren Nachbarn in der Reihenhaussiedlung in Rösrath bei Köln, an jedem Abend dieses seltsamen Frühlings, sieben Wochen lang. Von Fenster zu Fenster. Und alle sangen mit, winkten sich zu und grüßten einander. Die Kinder tanzten in den Gärten. Einige entzündeten Wunderkerzen, einer baute Scheinwerfer auf und tauchte die Häuserfassaden in schillernd buntes Licht.

Eine Verkäuferin aus dem Supermarkt nebenan hörte uns singen und kam dann jeden Abend pünktlich bei uns vorbei, stellte sich unten auf den Weg und stimmte mit ein.

Was in unserer Nachbarschaft begann, zog schnell immer größere Kreise. Gemeinsam mit 19 befreundeten Musikerinnen und Musikern veröffentlichten wir ein YouTube-Video zu dem Lied „Zünde eine Kerze an". Über die sozialen Medien und WhatsApp verbreitete es sich wie ein Lauffeuer. In ganz Deutschland. Bis nach Bogota in Kolumbien. Über Monate bekam ich Post von Menschen, die sich für das Lied bedankten und es in kreativen Aktionen zu ihrem Lied machten.

Kinder einer Grundschule studierten dazu einen Lichtertanz ein. Bei der virtuellen St. Martins-Feier der Grundschule in Linz am Rhein sangen es 300 Kinder und ihre Familien in den heimischen Wohnzimmern.

Der Landesverband Westfalen-Lippe des Deutschen Roten Kreuzes inszenierte zu dem Lied online einen „Fackelzug der Hoffnung".

Anne aus dem Schwarzwald bastelte aus dem Songtext eine kunstvolle Collage, legte sie als Handzettel in der benachbarten Kapelle aus und zimmerte auch noch Hinweisschilder aus Holz mit dem Refrain des Liedes.

Silke aus der Altmark warf mit ihrem Team „Zeichen der Hoffnung" in die Briefkästen ihrer Nachbarn: Ein Teelicht, eine von Kindern gebastelte Karte und den Text von „Zünde eine Kerze an".

Die „Zweckgemeinschaft Goitzsche" in Sachsen-

Anhalt weihte zu den Klängen des Liedes ihren neuen Pegelturm am See ein, der als leuchtende Kerze gestaltet ist.

Lieselotte Blinn aus Pirmasens bearbeitete den Song für die Veeh-Harfe, eine einfach zu spielende Tischharfe, die speziell für Menschen mit Handicap entwickelt wurde. Zwei Pfarrerinnen erstellten eine Version des Liedes in Gebärdensprache.

Die Leiterin einer Kindertagesstätte, die erst vor Kurzem ihren Mann verloren hatte, schrieb mir: „Das Lied gibt mir Trost und Kraft." Dann hat sie mit allen Mitarbeiterinnen ein eigenes Video zu dem Lied aufgenommen und als Adventsgruß verschickt.

Die wundervolle Resonanz, die dieses kleine Lied erzeugt hat, bewegt mich bis heute. Nichts davon hatte ich „geplant" oder erwartet. Es ist einfach so passiert. In mancher wirklich einsamen und trüben Stunde, die ich – wie viele Künstlerinnen und Künstler – in den Zeiten der Pandemie erlebte, kamen diese zahlreichen Reaktionen als tröstliche Hoffnungsschimmer bei mir an. Das Lied, das ich auf die Reise geschickt hatte, kehrte als Licht der Hoffnung für mich selbst zu mir zurück. Was dieses kleine Lied ausgelöst hat, erinnert mich an einen der schönsten Verse aus der Bibel:

„Das geknickte Schilfrohr wird Gott nicht brechen und den glimmenden Docht wird er nicht auslöschen", heißt es in Jesaja 42,3.

Und dann, als wir Anfang 22 dachten, das Schlimmste sei halbwegs überstanden, begann Ende Februar der

Krieg in der Ukraine. Menschen aus den Kirchen meines Heimatortes baten mich, mit ihnen ein ökumenisches Friedensgebet zu gestalten. Und ich merkte: Nun braucht das Lied „Zünde eine Kerze an" neue Strophen für das Licht der Hoffnung:

Es leuchtet für die Menschen, die sich fürchten,
für die Kinder, die der Krieg bedroht.
Es leuchtet für Gebete, die wir flüstern:
Gott des Friedens, hilf uns in der Not.

Es leuchtet für Gerechtigkeit und Freiheit,
für die Kraft, dem Hass zu widerstehn.
Es leuchtet für den Mut, nicht aufzugeben,
auch wenn wir noch keinen Ausweg sehn.

Es leuchtet für die Welt an allen Orten,
Kiew, Charkiw, Warschau und Berlin.
Es leuchtet für die Kraft, die uns verbindet,
für die Menschen, die vor Terror fliehn.

Zünde eine Kerze an! Dein Licht der Hoffnung.
Heute soll es leuchten für die Welt.
Zünde eine Kerze an! Dein Lebenszeichen.
Seht, wie unser Licht die Nacht erhellt.

Einige Wochen später gestalteten zwei Kinderchöre aus Ostwestfalen zu dieser Version ein bewegendes Video, versahen es mit ukrainischen Untertiteln und schickten es an den größten ukrainischen Fernsehsender „1+1", der das Video dann in seinem Morgenmagazin ausstrahlte.

Ja, ich weiß, mit Liedern und Kerzen werden Putins Panzer nicht vertrieben.

Dennoch glaube ich, dass wir nicht aufhören sollten, unsere kleinen Lieder der Hoffnung zu singen, damit unsere Herzen daran erinnert werden,

dass jedes noch so kleine Licht
die Dunkelheit der Nacht durchbricht.
Und mit den Sternen leuchtet.
Auch wenn die Angst an Macht gewinnt,
auch wenn wir manchmal ratlos sind,
glimmt immer noch der Docht in unseren Herzen.
Und dieser Funken Zuversicht
entzündet neue Kerzen.

14 Liebe ist ansteckend

„Einmal kam ein Mann zu Jesus, der an Aussatz erkrankt war. Er fiel vor ihm auf die Knie und flehte ihn an: ‚Wenn du willst, kannst du mich rein machen.'

Jesus hatte Mitleid mit ihm. Er streckte die Hand aus, berührte ihn und sagte: ‚Ich will! Sei rein!' Im selben Augenblick verschwand der Aussatz und der Mann wurde rein.

Sofort schickte Jesus ihn weg. Er schärfte ihm ein: ‚Pass auf, dass du niemandem irgendetwas davon erzählst. Geh, zeige dich dem Priester und bringe die Opfer, die Mose vorgeschrieben hat, um deine Reinheit wieder herzustellen. Das soll ihnen als Beweis dienen, dass ich das Gesetz achte.'

Aber der Mann ging weg und verkündete überall, was Jesus getan hatte. Bald konnte Jesus nicht mehr unerkannt in eine Stadt kommen. Deshalb blieb er an abgelegenen Orten. Trotzdem kamen die Leute von überall her zu ihm" (Markus 1,40–45).

Stellen Sie sich bitte kurz vor, es hätte zur Zeit Jesu vor 2000 Jahren in Galiläa bereits die Bild-Zeitung gegeben. Ich bin überzeugt, die Geschichte, die wir gerade gehört haben, hätte es auf die Titelseite geschafft. Schlagzeile:

„Skandal! Wanderprediger berührt Aussätzigen!"

Sie können sicher sein: Alle Zeitgenossen Jesu, die das gelesen hätten, wären vor Entsetzen aus der Haut gefahren. Denn für einen frommen Juden im damaligen Galiläa ist das, was Jesus hier tut, vollkommen unfassbar.

In manchen Teilen Indiens werden auch heute noch Menschen aus der Volksgruppe der Dalit im Rahmen des indischen Kastenwesens die „Unberührbaren" genannt. Das grausame ausgrenzende Wort beschreibt die Tragödie sehr genau, unter der Menschen mit Aussatz zur Zeit Jesu gelitten haben. Sie galten als unberührbar, und das nicht nur deshalb, weil andere Menschen Angst hatten, sich mit der Krankheit anzustecken.

Ein Aussätziger war damals doppelt gebrandmarkt: Zuerst durch seine Krankheit: das Wort Aussatz, Griechisch „Lepros", konnte damals alle möglichen Formen von Hautkrankheiten bezeichnen, die an dem kranken Menschen für jeden sichtbar waren: nicht nur die infektiöse Lepra, sondern auch starke Ekzeme, Pilzerkrankungen, Neurodermitis oder Schuppenflechte. Manches, was heute mit Cortison, Antibiotika oder anderen Medikamenten meist nach wenigen Wochen erledigt ist, galt zu Zeiten der Antike medizinisch als unheilbar. Und das war es meistens auch. Es wäre also eine fast schon makabre Untertreibung zu sagen, ein Aussätziger fühlte sich damals nicht wohl in seiner Haut.

Er oder sie litten nicht nur unter ihrer Krankheit, ihre Tragödie war weit schlimmer. Denn – und das ist die zweite Brandmarkung – Menschen mit Aussatz wurden buchstäblich ausgesetzt. Von der Gesellschaft ausgesondert, an den Rand der Städte verbannt.

Es war einem Menschen mit Aussatz streng verboten, sich anderen Menschen überhaupt zu nähern. Und selbstverständlich war es ihnen ebenfalls verboten, am Gottesdienst in der Synagoge teilzunehmen. Auf den Punkt gebracht: Die Folge ihrer Krankheit war der soziale Tod. Sie waren nicht nur die Unberührbaren, sie galten als „unrein". Um die Zeitgenossen Jesu besser zu verstehen, muss man wissen, dass die religiöse Bedeutung von Reinheit und Unreinheit für sie zu den zentralen Glaubensüberzeugungen zählte.

Sie glaubten: Ein Mensch mit Aussatz trägt eine Strafe Gottes, und das macht ihn unrein. Sie glaubten ebenfalls, und das ist für unsere Geschichte äußerst wichtig: wenn ein unreiner Mensch mit Aussatz dich berührt, oder wenn du ihn berührst, dann wirst du selber unrein. Dann überträgt er nicht nur seine Krankheit, sondern auch die Strafe Gottes auf dich. Anders gesagt: Sie glaubten, das Böse sei ansteckend. Darum galt die eiserne Regel: Mit diesen doppelt gebrandmarkten Menschen darfst du nichts zu tun haben. Geh ihnen aus dem Weg.

Mit diesem skandalösen Vorwissen zurück zu unserer Geschichte:

„Einmal kam ein Mann zu Jesus, der an Aussatz erkrankt war. Er fiel vor ihm auf die Knie und flehte ihn an: Wenn du willst, kannst du mich rein machen."

Skandal Nummer eins: Der kranke Mensch mit Aussatz wagt es, sich Jesus zu nähern. Mit dem Mut der Verzweiflung bricht er die eisernen Regeln. Aus irgendeinem geheimnisvollen Grund vertraut er darauf, dass dieser Jesus seine letzte Hoffnung ist. Er vertraut darauf: Jesus kann nicht nur seine Krankheit heilen, sondern ihn rein machen, und das heißt: Jesus kann ihn auch aus dem sozialen Tod auferwecken und ihm ein neues Leben im Kreis seiner Mitmenschen schenken.

Und wie reagiert Jesus auf diesen im Grunde unverschämten Affront?

„Jesus hatte Mitleid mit ihm.“

Martin Luther übersetzt diese Stelle mit der wunderbar alten, aber vielsagenden Formulierung: „Es jammerte ihn.“

Und das ist Skandal Nummer zwei: Der jüdische Wanderprediger Jesus lässt sich von der Verzweiflung und dem Schicksal des Aussätzigen berühren.

„Geht gar nicht!“ hätten seine Zeitgenossen gesagt. Die einzig angemessene Reaktion wäre gewesen, den Mann zum Teufel zu jagen und schleunigst das Weite zu suchen. Aber Jesus bleibt da, und es folgt sogleich Skandal Nummer drei:

„Er streckte die Hand aus, berührte ihn und sagte: ‚Ich will! Sei rein!‘“

In diesem Moment stellt Jesus alles auf den Kopf, was seine Zeitgenossen als gottgegebene Ordnung ansahen. Weiß Jesus nicht, dass er sich durch diese Berührung selbst verunreinigt? Weiß Jesus nicht, dass das Böse ansteckend ist?

Natürlich weiß Jesus das. Er kennt das jüdische Gesetz sehr genau. Und setzt sich über das hinweg, was seine Zeitgenossen als gottgegeben ansehen. Und die Geschichte erzählt, dass Gott Jesus recht gibt:

„Im selben Augenblick verschwand der Aussatz und der Mann wurde rein."

Ich finde, was hier geschieht, geht wirklich und wahrhaftig unter die Haut. Jesus setzt ein Zeichen, das besagt: Im Reich Gottes gelten andere Maßstäbe. Ein Zeichen, mit einer umwerfenden Botschaft:

Ihr habt geglaubt, das Böse, das Verletzte und Krankmachende sei ansteckend. Jesus aber zeigt, in Wahrheit ansteckend ist die heilende Liebe Gottes. Nein, du machst dir nicht Herz und Hände schmutzig, wenn du dich den ausgegrenzten, den diskriminierten und leidenden Menschen zuwendest. Im Vertrauen auf die Kraft der Liebe Gottes kannst du deine Berührungsängste überwinden. Denn Liebe ist ansteckend.

Offenbar war Jesus sehr wohl bewusst, dass er mit diesem Tabubruch seinen jüdischen Zeitgenossen mehr zumutet, als sie begreifen können, denn er schärft dem geheilten Mann ein:

„Pass auf, dass du niemandem irgendetwas davon erzählst. Geh, zeige dich dem Priester und bringe die Opfer, die Mose vorgeschrieben hat, um deine Reinheit wieder herzustellen. Das soll ihnen als Beweis dienen, dass ich das Gesetz achte."

Auf mich wirkt das fast so, als wolle Jesus vorerst die religiösen Gefühle seiner Zeitgenossen schonen. Die Priester sollen erst einmal nur sehen: Wie auch immer das geschehen ist, offenbar war es Gottes Wille, dass diesem gebrandmarkten Menschen ein neues Leben in der Gemeinschaft geschenkt wird.

Und das sollen sie zunächst getrost nach den Regeln ihrer vertrauten Ordnung überprüfen. Aber – und so geht die Geschichte weiter – wenn die Liebe Gottes einen Menschen auf so unfassbare Weise angesteckt hat, dann kann er gar nicht anders, als anderen davon weiterzusagen:

„Aber der Mann ging weg und verkündete überall, was Jesus getan hatte."

Ja, lange her das alles! Und es klingt auch für unser Empfinden irgendwie von gestern, was die jüdischen Zeitgenossen Jesu über religiöse Reinheit und Unreinheit und Krankheit als Strafe Gottes glaubten. Heute gibt es in unserer modernen Gesellschaft zumindest ein ernsthaftes Bemühen darum, Menschen mit Beeinträchtigungen nicht weiter aus der Gesellschaft auszugrenzen, wie es jahrtausendelang getan wurde. Sondern sie zu integrieren.

Das ist – Gott sei Dank! – ein großer Fortschritt. Und dort, wo es gelingt, ist es für mich auch ein sichtbares Zeichen des Reiches Gottes, weil Gottes Liebe keinen Menschen ausgrenzt.

Darum ist und bleibt es unser Auftrag als Christen, im Namen Jesu Christi daran mitzuarbeiten, dass kein Mensch gebrandmarkt und an den Rand der Gesellschaft gedrängt wird.

Auf den zweiten Blick und näher hingeschaut glaube ich aber sehr wohl, dass wir als Gesellschaft und als

Christen auch heute noch weiter in der Gefahr stehen, Menschen auszugrenzen, Menschen, mit denen wir lieber nichts zu tun haben wollen. Nur dass das Ganze bei uns etwas subtiler abläuft und kaum jemand offen darüber spricht.

„Leid ist in unserer Gesellschaft ein Tabuthema, als wäre es ansteckend. Alle haben permanent Angst, runtergezogen zu werden."

So die Meinung von Susanne Krahe. Die Theologin und Schriftstellerin war 30, als sie erblindete, und hatte bis zum Ende ihres Lebens – sie starb 2022 im Alter von 62 Jahren – immer wieder das Gefühl, anderen Menschen mit ihrer Beeinträchtigung zur Last zu fallen.

Das meist unausgesprochene „Reinheitsgebot" unserer Tage lautet: „Sei möglichst immer gut drauf, und umgib dich möglichst nur mit Menschen, die ebenfalls gut drauf sind. Von den anderen halte dich fern. Denn Leid ist ansteckend und zieht dich runter."

Kennen Sie das? Und noch indiskreter gefragt: Welche Ausreden finde ich selbst immer wieder, um Menschen, die leiden, aus dem Weg zu gehen?

Der dementen Oma im Altersheim, die ja sowieso alles gleich wieder vergisst.

Der Mutter von zwei Kindern, die von ihrem Mann verlassen wurde und nun schon seit sechs Monaten kein anderes Thema hat als ihren bohrenden Schmerz.

Als mein großes Vorbild, der gefeierte literarische Kabarettist Hanns Dieter Hüsch, mit Ende siebzig durch eine schwere Krankheit zum Pflegefall wurde, da wurde es ganz plötzlich sehr still um ihn. In dieser Zeit traf ich mich einmal in Berlin mit einem Kabarettkollegen von Hüsch zum Interview. Der Mann kannte Hüsch seit Jahrzehnten gut und meinte dann im Gespräch: „Ja, wie man hört, soll es Hanns Dieter ja ziemlich schlecht gehen. Ich müsste mal seine Frau anrufen, um Näheres zu erfahren. Aber man möchte ja auch nicht stören …"

Vor diesem Hintergrund berührt es mich immer neu, wenn ich sehe, welches Zeichen Jesus gesetzt hat, mit seiner Botschaft vom anbrechenden Reich Gottes:

„Du kannst mutig deine Berührungsängste überwinden, denn nicht das Leid ist ansteckend, sondern die Liebe!"

Vor Jahren erlitt ein Freund von mir einen Schlaganfall. Seitdem ist er körperlich stark beeinträchtigt und besonders das Sprechen fällt ihm sehr schwer. Früher konnte ich stundenlang großartig mit ihm über Gott und die Welt diskutieren; er war ein humorvoller und eloquenter Gesprächspartner.

Wenn wir uns heute treffen, brauchen wir viel Zeit und Geduld, um uns über elementare Dinge zu verständigen. Mein Freund leidet unter diesem Verlust und spricht oft unter Tränen sehr offen darüber. Unsere Begegnungen sind auch für mich jedes Mal schmerzhaft. Sein Leid belastet mich.

Und, mit Verlaub: Ich bin nicht Jesus! Klingt jetzt vielleicht etwas schräg, halte ich aber für eine wichtige Anmerkung.

Ich habe jedenfalls noch nie erlebt, dass Gott durch

mich irgendwelche spontanen Heilungswunder voll-
bringt. Sicher, es ist wunderbar, dass Gott das tatsächlich bei anderen gelegentlich tut, aber ich kann
mit so einer Erfahrung nicht dienen. Ich kann meinen Freund nicht mit einer Berührung von den Folgen
seines Schlaganfalls heilen – aber *berühren* können wir
uns schon!

Und für diese Berührungen bin ich Gott dankbar.
Bei unserem letzten Treffen saßen wir stundenlang im
warmen Licht der Morgensonne auf seiner Terrasse,
haben ab und an bedächtig einige Sätze und Gedanken
ausgetauscht, und wenn das Gespräch nicht weiter-
ging, einfach schweigend in seinen blühenden Garten
geschaut oder seinem Hund beim Spielen zugesehen.
Und wir haben diese Momente zusammen erlebt und
gefeiert.

Ich denke immer noch oft: Es ist ungerecht, dass mein
Freund damals durch einen Fehler bei einer kleinen
Operation diesen Schlaganfall erlitten hat. Doch in die-
ser gemeinsamen Zeit auf seiner Terrasse dachte ich nur
an eine Zeile aus dem berühmten Gedicht von Erich
Fried: „Es ist, was es ist, sagt die Liebe!"

Ich möchte weiter üben, mein Leben nicht von meinen Berührungsängsten begrenzen zu lassen. Nicht das
Leid ist ansteckend, sondern die Liebe. Die Liebe Gottes, die uns in Jesus Christus hautnah berührt. Und den
glimmenden Docht unserer Leidenschaft für das Leben
neu entflammt.

Mohana steht auf

1998 kam ich für Dreharbeiten zum ersten Mal nach Indien – 1,3 Milliarden Menschen – irgendwo im Süden: die Stadt Vellore. Und in der Stadt steht „Anbu Illam", das „Haus der Liebe". Therapiezentrum der südindischen Kirche für zerebral gelähmte Jungen und Mädchen aus ärmsten Verhältnissen.

Viele von ihnen waren vorher jahrelang irgendwo in einer Ecke des Hauses versteckt worden, weil die Eltern sich vor ihren Nachbarn für diese Kinder schämten; denn viele sagten: Die Krankheit sei eine Strafe der Götter.

Im Therapiezentrum Anbu Illam traf ich die 11-jährige Mohana. Spastisch gelähmt seit ihrer Geburt. Verkrümmte Gliedmaßen, verkrampfte Muskeln. Laufen gelernt hat sie nie. Ein hoffnungsloser Fall –, aber nicht für die Therapeuten von Anbu Illam.

Geduldig und regelmäßig haben sie mit Mohana geübt, ihre verkrümmten Muskeln Stück für Stück gedehnt. Eine schmerzhafte Tortur. Doch Mohana gab nicht auf. Und kämpfte weiter.

Mehr als 20 Jahre ist das her, aber nie habe ich die Szene vergessen, die ich damals miterlebte. Das Bild des kleinen Mädchens im Therapiezentrum Anbu Illam. Der Tag, an dem sie ihr die Beinschienen anlegten. Der Tag, an dem Mohana versuchte aufzustehen.

Mit aller Kraft ballt sie die Fäuste.
Und sie schreit den Schmerz heraus,

als sie ihr die Muskeln dehnen.
Ganz vergeblich sieht es aus.
Ihr zerbrechlich kleiner Körper
ringt mit ihrem großen Traum.
Sie will endlich laufen lernen.
Jetzt und hier in diesem Raum.

Run, run, run, Mohana, run!

Ihre Beine sind verbogen,
schon seit sie geboren war.
Eine Strafe ihrer Götter.
Für die Eltern war das klar.
Seht das zarte Mädchen heute!
Sie nimmt allen Schmerz in Kauf.
Wuchtet sich auf ihre Krücken
Und dann steht Mohana auf.

Run, run, run, Mohana, run!

Und sie helfen ihr zu stehn.
Und schon hört sie die Musik.
Wird sich bald im Tanze drehn.
Ihre Wangen glühn vor Glück.

Run, run, run, Mohana, run!
Run, Mohana, run!

15 Gott segne unseren Überfall!

„Omnia vincet armor!" – Liebe überwindet alles!

Das ist ein schöner Satz! Und unsere Herzen möchten glauben, dass er wirklich wahr ist!

Am 5. Mai gehen die Kinder in Holland nicht in die Schule. Der 5. Mai ist ein Feiertag.

Denn am 5. Mai 1945 jubelten die Holländer in den Straßen von Amsterdam und Den Haag.

Da waren die Nazis besiegt. Die Gefängnistore öffneten sich und befreite Männer fielen ihren Frauen wieder in die Arme.

Da sehnte sich Diet nach ihrem Verlobten Hein Sietsma. Ihr Brautkleid hing noch unbenutzt im Schrank. Und es war viele Monate her, dass sie ihren Hein zum letzten Mal gesehen hatte.

Da hoffte sie weiter auf seine Rückkehr. Und dachte jeden Tag zurück an ihr letztes Rendezvous. Und an das Lied, das sie beide so geliebt haben.

Unter dem Sternenzelt reich mir die Hand.
Alle Sterne funkeln ferne,
silberner Glanz des Mondes strahlt auf schlafendes Land.
Weit über Zeit und Raum trägt uns ein Traum.
Alte Lieder bringen wieder, zärtliches Glück, heimliches Glück.

Diet Eman und Hein Sietsma sind ein frisch verliebtes junges Paar, als Hitlers deutsche Truppen Holland überfallen. Und besetzen.

Hein und Diet sind fromme Christen.

Viele in ihrer Kirche arrangieren sich bald mit den deutschen Besatzern.

Denn heißt es nicht in der Bibel: „Alle Obrigkeit ist von Gott eingesetzt!"?!

Dann werden die ersten Juden abgeholt.

Da sagen Hein und Diet: „Heißt es in der Bibel nicht auch: ‚Man muss Gott mehr gehorchen als den Menschen?'"

Und sie fangen an, jüdische Freunde vor den Nazis zu verstecken. Bei Bauern in Gelderland. Die haben viel Mut, aber kaum etwas zu essen für die Juden. Denn Nahrung gibt es nur noch über Lebensmittelkarten. Und die gibt es nur in den Büros der deutschen Besatzer.

Da tun sich Hein und Diet mit einigen Freunden zusammen und besorgen sich Pistolen. Dann beten sie, Gott möge ein Blutvergießen verhindern. Und dann überfallen sie die deutschen Behörden und stehlen Lebensmittelkarten für die Juden.

Fortan leben Hein und Diet mit falschen Papieren im Untergrund und sehen sich zur Sicherheit nur selten.

Einmal fährt Diet mit der Straßenbahn. Nach drei Haltestellen springt Hein auf den Zug. Er küsst seine Diet und steckt ihr den Verlobungsring auf den Finger. Danach verschwindet er in der Menge.

Es ist April 1944, als Hein Sietsma bei einer Routine-kontrolle der Gestapo verhaftet wird. Es ist Oktober, als sie ihn mit einem Gefangenentransport von Holland in ein deutsches KZ bringen.

Es ist der 5. Mai 1945, als Holland befreit wird. Alle Juden, die Hein und Diet versteckten, haben den Krieg überlebt. Es sind mehrere Dutzend Frauen, Männer und Kinder.

Fast sechzig Jahre später sitze ich mit Diet Eman in einem Zimmer in Den Haag und ihre zerfurchten Finger entfalten vorsichtig ein kleines Stück brüchiges Papier.

Es ist ein Brief, mit Bleistift auf Klopapier geschrieben. Datiert vom 12. Oktober 1944 im Gefangenen-transport nach Deutschland. Hein hatte den Brief aus dem fahrenden Zug geworfen. Bauern fanden ihn neben den Gleisen. Monate nach Kriegsende hat Diet Eman den Brief erhalten. Es ist Heins letzte Botschaft. Er stirbt am 21. Januar 1945 im KZ Dachau.

Liebe Diet,
auch wenn wir uns auf Erden nicht wiedersehen sollten,
werden wir unsere Haltung niemals bereuen.
Dineke, ich habe nie jemanden geliebt wie dich,
und es ist mein größtes Verlangen,
mit dir eine glückliche Familie zu gründen.
Omnia vincet armor!
Liebe überwindet alles.
Viele Küsse von Deinem Hein!

16 Hat Gott einen Plan?

Ich vermute mal, Sie können sich noch an Ihren letzten Sommerurlaub erinnern. Ein richtig schöner Urlaub, will ich doch hoffen. Was haben Sie lange *vor* dem Urlaub getan, um diesen Urlaub zu planen?

Ich unterstelle: Als gute Deutsche haben Sie zumindest alles rechtzeitig und gründlich gebucht und vorbereitet. Denn wir Deutschen sind ja laut Statistik international betrachtet die Vizeweltmeister im Urlaubmachen. Nur die Chinesen sind da noch aktiver als wir. Aber der Vergleich ist ungerecht. Die sind ja auch viel mehr als wir.

Was haben Sie getan, um Ihren Urlaub vorzubereiten?

Ich nehme an, Sie haben einen Plan gemacht: Sie haben sich mit Familie und Arbeitgeber abgestimmt und einen Zeitraum festgelegt, Sie haben Angebote geprüft, ein Land ausgewählt, vielleicht Flüge und Ferienwohnungen gebucht. Und dann war Ihre Vorfreude groß auf den gut geplanten Urlaub.

„Planung" beschreibt – laut Wikipedia – die „menschliche Fähigkeit zur gedanklichen Vorwegnahme von Handlungsschritten, die zur Erreichung eines Zieles notwendig erscheinen. Dabei entsteht ein Plan als eine zeitlich geordnete Menge von Daten. Bei der Planung wird berücksichtigt, mit welchen Mitteln das Ziel erreicht werden kann. Als Planungsergebnis erzeugen Pläne im Idealfall Handlungssicherheit."

Zitat Ende. Gedankenstrich.

„Ich weiß wohl, welche Pläne ich für euch habe", spricht der Herr, „Pläne des Friedens und nicht des Leides, dass ich euch das Ende gebe, das ihr erwartet."

So steht es im Prophetenbuch Jeremia, Kapitel 29, Vers 11.

Gott hat einen wunderbaren Plan für Ihr Leben! Glauben Sie das?

Der Satz des Propheten Jeremia ist mehr als 2500 Jahre alt. Jeremia wendet sich damals an das Volk der Juden, die ihre Heimat verloren haben. Sie wurden von den Babyloniern ins Exil verschleppt. Und sie leiden fern der Heimat in einer hoffnungslos erscheinenden Lage, sie haben es aufgegeben, auf eine leuchtende Zukunft und ein schönes Happy End zu vertrauen. Und in diese Situation hinein spricht der Prophet ihnen Mut zu.

Gottes alte Verheißungen an sein Volk Israel haben auch eine Bedeutung für unser Leben als Christen. Wir glauben, dass Gott einen neuen Bund mit den Menschen geschlossen hat, indem er in Jesus Christus auf die Welt gekommen ist. Dieser Bund gilt nicht mehr allein dem Volk Israel, sondern allen Menschen. Wir dürfen also auch als Christen persönlich nehmen, was Jeremia sagt. Wie können wir seine Aussage verstehen?

So vielleicht?

„Gott hat einen Plan für unser Leben. Und wird es zu dem Ende führen, das wir erwarten, zum ‚Happy End'."

Lassen Sie uns das Bild kurz ausmalen. Wie könnte man sich das konkret vorstellen?

Der lebendige Gott hat für jeden einzelnen Menschen schon ein fertiges Drehbuch für ein erfülltes Leben. Und wer sich nach diesem Drehbuch richtet, dessen Leben führt zu einem wunderbaren Happy End.

Gott hat einen perfekten Plan für mich. Und meine Lebensaufgabe besteht darin, diesen Plan herauszufinden. Dann wird alles gut.

Gott weiß genau, welche Frau oder welcher Mann am besten zu mir passt. Ich muss es nur noch im Gebet herausfinden.

Gott hat schon den besten Beruf für mich ausgewählt. Ich muss ihn nur noch entdecken.

Sie ahnen bereits: Das dicke Ende kommt sogleich. Denn wenn wir diesen Bildern von „Gottes Plan" ernsthaft folgen, dann wird unser Leben zur göttlich inszenierten Schnitzeljagd. Sie kennen ja das alte Spiel. Gott ist der Spielleiter, der im Wald die Schnitzel als Zeichen ausgelegt hat. Und wir? Irren nun durch den Wald auf der Suche nach dem nächsten göttlichen Zeichen …

Und wenn wir wieder eines übersehen? Was dann? Dann zeigt uns Gott die lange Nase und sagt: „Tja, hättest du mal besser hingeschaut! Pech gehabt und dumm gelaufen!"?

Zwei Liebende wollen heiraten. Sie beten um Gottes

Wegweisung, sie halten Hochzeit, gründen eine Familie und nach vielen Jahren und verzweifelten Kämpfen zerbricht ihre Ehe. Haben diese beiden Menschen Gottes perfekten Plan nicht verstanden, bei der Partnerwahl ein göttliches Schnitzel im Wald übersehen und sich für den falschen Partner entschieden?

Hand aufs Herz, ist diese grausame Vorstellung Ihr Bild von Gottes Plan?

Ist das Ihr Bild des Gottes, den Jesus Christus uns als die allumfassende Macht der Liebe bekannt gemacht hat?

Ich sprach mit einer Frau, Anfang vierzig, alleinstehend, die unglücklich war mit ihrem Beruf in einer Grafikagentur. Sie sagte mir, sie habe seit Jahren das Gefühl, nicht den Beruf zu finden, der wirklich zu ihr passe. Und am schlimmsten daran sei, dass sie immer in der Überzeugung lebe, Gott wisse ja ganz genau, welchen Job sie ergreifen müsse, aber er sagt es ihr einfach nicht. So kommt zu ihrer Unzufriedenheit im Beruf noch eine weitere Tragödie: das grausame Gefühl, an Gottes perfektem Plan vorbeizuleben.

Ich glaube, es führt uns nicht weiter oder noch klarer: Es führt uns in die Irre, wenn wir davon ausgehen, dass Gott diesen perfekten „Plan" für unser Leben hat.

Ich glaube aber sehr wohl, dass Gott mit jedem von uns jeden Tag neu unterwegs ist.

Und ich möchte mich bei jedem Schritt neu auf die Zusage Jesu Christi verlassen: „Siehe, ich bin bei euch alle Tage bis an der Welt Ende!"

Okay, Moment mal, Einspruch! Gott hat keinen Plan?

Aber Gott ist doch allwissend. Dann weiß er doch alles und hat mit Sicherheit schon die perfekte Lösung für mich vorbereitet. Klingt doch logisch, oder?

Aber das Problem ist, dass wir so in eine gefährliche Falle tappen. Wir sind als Menschen ständig in der Gefahr, unsere menschlichen Denkmuster und Eigenschaften eins zu eins auf Gott und sein Handeln zu übertragen.

Gott ist „allwissend"? Ja, klar: Albert Einstein war ein Superhirn und wusste viel, Gott aber ist das Mega-Superhirn und weiß alles. Klingt plausibel, funktioniert aber nicht.

Weil wir als Menschen nicht denken können, wie Gott denkt. Denn seine Gedanken sind nicht unsere Gedanken!

Gott weiß alles? Das bedeutet: Gott weiß es anders. Seine Allwissenheit ist ein anderes Wissen. Seine Allgegenwart ist eine andere Gegenwart. Seine Allmacht ist eine Anders-Macht! Weil sie unser Denken sprengt. Weil Gott eben Gott ist und unserem menschlichen Denken unerreichbar.

Und wir? Nicken jetzt alle fleißig mit dem Kopf. Und malen uns munter weiter Gottes Masterplan für unser Leben aus? Aber das ist brandgefährlich. Weil das Bild, das wir uns da malen, doch wieder nur unsere eigenen menschlichen Planvorstellungen auf den lebendigen Gott überträgt. Und die Zeugen der Bibel werden nicht müde, uns genau davor zu warnen:

Pass auf, dass du dein Bild von Gott nicht mit Gott selbst und seinem unergründlichen Geheimnis verwechselst!

Doch nun wird es richtig spannend. Denn auf der anderen Seite müssen wir sagen: Wir können als Menschen aber nicht anders! Wir können von Gott nur in menschlichen Bildern reden.

Ja, genau. Das ist die Spannung, die wir nicht auflösen können und sollten. Weil Gott mit uns zu tun haben will, brauchen wir Worte für das Unaussprechliche. Aber diese Worte können immer nur bruchstückhaft erfassen, wie Gott wirklich ist.

Du bist anders

Du bist wie ein König, der regiert.
Doch welcher König ist wie du?
Du bist wie ein Bettler, ausrangiert.
Kommst unbeachtet auf uns zu.
Du bist wie ein wildes Feuer,
Regen, der die Felder tränkt.
Du bist Opfer und Befreier,
Gott, der unser Denken sprengt.

Du bist wie die Mutter für ihr Kind.
Doch welche Mutter ist wie du?
Du bist wie ein Flüsterton im Wind.
Vor dir kommt jeder Sturm zur Ruh.
Du bist Herr der Sternenmeere,
Vater, der die Angst vertreibt.

Du bist Gott, den ich verehre
und der ein Geheimnis bleibt.

Du bist anders.
Keine Bilder können dich erfassen.
Du bist anders.
Und doch unbegreiflich nah.
Du bist anders.
Und doch kann ich mich auf dich verlassen.
Du bist Liebe. Du bist für uns da.

Gott ist Liebe. Wie kommen wir als Christen darauf, dass das wirklich so ist?

Der große Theologe Karl Barth hat viele Tausend Seiten kirchlicher Dogmatik verfasst. Als er einmal gefragt wurde, wie er seinen Glauben in einem Satz zusammenfassen würde, da lächelte er und zitierte ein altes englisches Kinderlied:

„Jesus loves me, this I know, for the bible tells me so." – „Jesus liebt mich, das weiß ich, denn die Bibel sagt es mir."

Als Christen vertrauen wir darauf, dass Gott uns in Jesus Christus sein wahres menschenfreundliches Gesicht gezeigt hat, von dem die Texte des Neuen Testamentes erzählen. Im 1. Johannesbrief Kapitel 4, Vers 16 genügen drei Worte, um Gottes Wesen umfassend zu beschreiben: „Gott ist Liebe."

Als Christen vertrauen wir darauf, dass wir im Gespräch mit den jahrtausendealten Texten der biblischen

Bibliothek auch heute noch Orientierung für unser Glauben, Lieben und Hoffen finden. In einem Satz lautet die ungefähr so:

Lass alles, was du tust, von der Liebe bestimmt sein.

Doch es wäre ein folgenschwerer Irrtum, wenn wir glauben, dass wir in der Bibel des Rätsels Lösung finden für all unsere Fragen nach Gott und seinem Plan für unser Leben.

Jochen Klepper hat einmal gedichtet: „Gott will im Dunkel wohnen, und hat es doch erhellt." Ja, in den Texten der Bibel leuchtet ein Licht auf, aber vieles bleibt für uns im Dunkeln.

„Dein Wort ist meines Fußes Leuchte und ein Licht auf meinem Weg!", lautet ein berühmter Bibelvers in Psalm 119,105. Die Glaubenszeugnisse der Bibel sind ein „Licht" auf unserem Weg. Wir denken in unserer hoch technisierten Welt bei „Licht" an hell erleuchtete Straßen oder die Flutlichtanlage im Fußballstadion. Der Sänger des Psalms aber meint mit „Licht" die flackernde Flamme einer kleinen Öllampe. Und die leuchtet gerade mal so hell, dass er ein, zwei Meter weit sehen kann. Alles andere blieb für ihn – mangels Straßenbeleuchtung im alten Israel – im Dunkeln.

In diesem Bild finde ich mich auch in meinem Leben als Christ wieder. Häufig tappe ich im Dunkeln mit meinen ungelösten Fragen an Gott, mit meiner Ungewissheit, was die Zukunft bringen wird, mit meiner Angst, den Herausforderungen nicht gewachsen zu sein. Aber auch mit meiner kleinen Öllampe in der Hand, deren flackerndes Licht mir hilft, den einen nächsten Schritt zu gehen. Darum versuche ich, immer neu und aufmerksam hinzuhören, was die Zeugen der Bibel und später unsere Mütter und Väter im Glauben von Gott erfahren und über Gott zu erzählen haben.

Und mit diesen offenen Ohren noch einmal zurück zu unserem Bibelvers aus Jeremia:

„Ich weiß wohl, welche Pläne ich für euch habe, spricht der Herr, „Pläne des Friedens und nicht des Leides, dass ich euch das Ende gebe, das ihr erwartet."

So lautet der alte Vers Jeremias in der Übersetzung Martin Luthers. Doch genauer hingeschaut, lautet der Schluss im Hebräischen wörtlich so:

„... Pläne des Friedens und nicht des Leides, um euch Zukunft und Hoffnung zu geben!"

Gottes „Plan" für uns ist kein fertiges Drehbuch unseres Lebens, das wir zu befolgen haben, um das von uns erwartete Happy End zu erleben.

Gottes Plan ist sein Wille, Ihnen und mir Zukunft und Hoffnung zu geben!

Mit dieser Gewissheit können wir an der Seite Jesu Christi mutig und zuversichtlich in eine ungewisse Zukunft gehen. In diesem Vertrauen können wir auch üben, die offenen Fragen auszuhalten, auf die wir keine Antwort bekommen werden.

Fragen an den Gott der Liebe

Als Christen glauben wir: Es ist Gott nicht egal, es lässt Gott nicht kalt, was aus uns wird. Und gerade darum können wir vieles nicht fassen, was an Leid und Schmerz in dieser Welt geschieht.

Manchmal höre ich unter Christen, wie jemand sagt: „Ich weiß zwar nicht, warum diese oder jene Katastrophe passiert ist. Aber Gott macht keine Fehler. Er weiß schon, was er tut. Irgendwann werden wir erkennen, wofür es gut war."

Das glaube ich nicht. Es gibt Dinge zwischen Himmel und Erde, die sind für gar nichts gut. Und der Prophet Jesaja hat gesagt:

„Wehe denen, die das Böse gut nennen und das Gute böse. Die Finsternis zu Licht machen und Licht zu Finsternis; die Bitteres zu Süßem machen und Süßes zu Bitterem!" (Jesaja 5,20).

Vor Jahren riss ein Tsunami viele Tausend Menschen aus dem Leben. Und es ist unvorstellbar zu denken, dass diese Naturkatastrophe für irgendetwas gut gewesen sein soll. Wer so etwas glaubt, versündigt sich an den Opfern und an Gott. Nein, ich will nicht dran glauben, dass Gott den Tsunami *geplant* hat.

Ich glaube, es geschehen Dinge unter uns, die Gott nicht will. Und wir bleiben ohne Antwort auf die Frage, warum Gott nicht verhindert hat, was seine Macht der Liebe nicht will.

Wir bleiben ohne Antwort auf die Frage, warum am 24. März 2015 beim Flugzeugabsturz einer Germanwings Maschine auf dem Weg nach Barcelona 150 Menschen durch den psychisch kranken Co-Piloten in den Tod gerissen wurden, ohne dass Gott es verhindert hat.

Und noch mehr: Unser Glaube an Gott, den liebenden Vater Jesu Christi, verbietet uns sogar, nach einem tieferen Sinn zu suchen, wo kein Sinn zu finden ist, weil wir damit die von Gott geliebten Opfer verhöhnen würden.

Ich mute Ihnen noch mehr zu: Es gibt Ereignisse im Leben, da müssen wir als Christen „im Namen Gottes gegen Gott protestieren", wie der Theologe und Poet Kurt Marti einmal gesagt hat. Und in einem Gedicht schreibt er:

dem herrn unserem gott hat es ganz und gar nicht gefallen
dass gustav e. lips durch einen verkehrsunfall starb
erstens war er zu jung
zweitens seiner frau ein zärtlicher mann
drittens zwei kindern ein lustiger vater
viertens den freunden ein guter freund
fünftens erfüllt von vielen ideen
was soll jetzt ohne ihn werden?
was ist seine frau ohne ihn?
wer spielt mit den kindern?
wer ersetzt einen freund?
wer hat die neuen ideen?
dem herrn unserem gott hat es ganz und gar nicht gefallen
dass einige von euch dachten es habe ihm solches gefallen
im namen dessen der tote erweckte
im namen des toten der auferstand:
wir protestieren gegen den tod von gustav e. lips

Es gibt Ereignisse in unserem Leben, da bleibt uns nur die Klage als einziger Trost. Weil wir an der Hoffnung festhalten, dass unsere Worte und der Schmerz nicht ins Leere gehen, wenn wir uns mit unserer Klage an Gott selbst wenden.

„Unbegreifliches ist geschehen", sagte Annette Kundus, damals Präses der evangelischen Kirche von Westfalen, bei der Trauerfeier für die Opfer des Flugzeugabsturzes von 2015. Und sie sprach weiter:

„Gott, sammle meine Tränen in deinen Krug. So betet ein Mensch in der Bibel Israels. Ein Mensch in großer Not. Wir rufen heute mit seinen Worten, rufen miteinander und füreinander: Ach Gott, in Jesu Namen, sammle doch unsere Tränen in deinen Krug. Mach unser Weinen zu deinem."

Ich weiß es nicht

Du fragst mich, wo mein Gott denn war
beim Anflug auf Hiroshima.
Wo hat er sich verkrochen?
Hat er noch dabei zugesehn,
wie Menschen dort zugrunde gehn?
Hat er den Brand gerochen?

Ich weiß es nicht. Und es mag sein:
Ich wollt es gar nicht wissen.
Doch glaub ich, als die Bombe fiel,
hat sie auch Gott zerrissen.

Du fragst mich, wo mein Gott denn war
beim Angriff auf Amerika.
An dem Septembermorgen.
Hat Gott die Opfer nicht gekannt?
Hat er die Augen abgewandt,
im Himmel sich verborgen?

Ich hoffe nicht. Und es mag sein:
Ich möchte darauf hoffen:
Als Terror diese Menschen traf,
hat er auch Gott getroffen.

Du fragst, wer braucht so einen Gott,
der nichts tut in der Menschen Not
und sie darin erfriern lässt.
Du fragst, wie ich es fassen kann,
dass Gott so viele, Frau und Mann,
von Folterhand krepiern lässt.

Ich fass es nicht. Und glaube doch:
Es ist auch nicht zu fassen,
wenn Jesus schreit: mein Gott, warum nur
hast Du mich verlassen?

Du fragst: Wie hältst Du das nur aus,
an diesen Gott zu glauben?
Ich halt's nicht aus und lass mir doch
die Zuversicht nicht rauben:
Es kommt der Tag, da finden wir

das leere Grab des Lebens.
Da wischt Gott alle Tränen ab.
Wir lieben nicht vergebens.

Gottes Sternschnuppen

Ich weiß natürlich nicht, welche Bilder und Geschichten aus Ihrem eigenen Leben Ihnen in den vergangenen Minuten beim Lesen durch Kopf und Herz gegangen sind.

Vielleicht gehören Sie zu den Menschen, die sagen:

Mag ja alles sein, dass Gott nicht den perfekten fertigen Masterplan für mein Leben hat, aber wenn ich zurückschaue, dann fallen mir viele Momente ein, die wegweisend waren, Augenblicke, in denen ich vor großem Unglück bewahrt wurde, Entscheidungen, für die ich von Herzen dankbar bin.

Hat Gott mit alledem etwa gar nichts zu tun? Hat er mich nicht immer wieder auf liebevolle Art „geführt"? Hat Gott mir nicht Menschen zur Seite gestellt, die mir entscheidend weitergeholfen haben?

Ich persönlich glaube: Ja, das hat Gott in Ihrem Leben getan und wird es immer weiter tun. Es gibt in unser aller Leben Momente, die vom Himmel fallen. Momente, die unser Leben bereichern und oft einschneidend verändern.

Ich bin Gott bis heute von Herzen dankbar für den Moment, in dem meinem Herzen vor mehr als drei Jahrzehnten klar wurde: „Jetzt fragst du diese Frau, ob sie dich heiraten will." Und es kann nur Gottes unermessliche Gnade gewesen sein, die bewirkt hat, dass sie tatsächlich „Ja" sagte.

Ich habe mit Menschen gesprochen, die an Krebs im Endstadium litten. Und mitten in ihrer schwersten Krise Momente erlebten, in denen ihr Herz ihnen sagte: „Alles ist gut. So wie es ist." Sie glaubten nicht, dass die Krankheit Gottes Plan oder Prüfung war. Sie erlebten keine wundersame Heilung. Sie erlebten einen Frieden, der höher ist als alle Vernunft, weil er nicht von dieser Welt ist.

Ich bin einmal einem Menschen begegnet, den ich bis dato noch gar nicht kannte, aber der mich vor einer weitreichenden beruflichen Entscheidung radikal hinterfragt hat. Soweit ich weiß, hatte er mit dem christlichen Glauben nichts am Hut, aber für mich wurde es zu einer tiefen Glaubenserfahrung, weil ich, während er sprach, deutlich spürte: In diesem Moment spricht Gottes Geist persönlich zu dir.

Es gibt Momente im Leben, da leuchtet am Himmel plötzlich ein Stern auf, den ich noch nie wahrgenommen habe. Doch mir wird klar: In diesem Moment leuchtet dieser Stern nur für mich. Und er weist mir den Weg für den nächsten Schritt.

Sagen Sie also bitte nicht: „Sterne sind mir schnuppe." Sie könnten die Sternschnuppe übersehen, die Gott nur für Sie geschickt hat.

Meine persönliche Empfehlung lautet so: Sei dankbar für Gottes unverhoffte Sternschnuppen, aber mach nicht gleich ein ganzes Sternen-BILD daraus. Und sage nicht: „Ah, da ist er ja, Gottes ‚großer Wagen‘ und ‚kleiner Bär‘ für mein Leben." Denn Gott hat gesagt: Du sollst dir kein Bildnis machen.

Vertrau nicht auf die Bilder, die du selbst dir von Gottes Plänen machst!

Vertrau auf Gott und überlass es ihm, aus den Bruchstücken deines Lebens etwas Ganzes zu machen. Denn mehr als ein paar Bruchstücke werden wir in diesem Leben niemals erkennen.

Dieser Meinung war übrigens auch schon der erste und wohl größte Theologe des Christentums, der Apostel Paulus. Der Mann, der in seinen Briefen wie kein anderer die tiefsten Erkenntnisse des christlichen Glaubens ausgelotet hat.

In 1. Korinther 13 schreibt dieser Paulus:

„Denn jetzt sehen wir nur ein rätselhaftes Spiegelbild.
Aber dann sehen wir von Angesicht zu Angesicht.
Jetzt erkenne ich nur Bruchstücke.
Aber dann werde ich vollständig erkennen,
so wie Gott mich schon jetzt vollständig kennt.
Was bleibt, sind Glaube, Hoffnung, Liebe, diese drei.
Doch am größten unter ihnen ist die Liebe." (1. Korinther
13, 12-13)

17 Mut zum Aufbruch

Jeden Sonntag bitten wir als Christen in dem Gebet, das Jesus uns gelehrt hat:

„Dein Reich komme, dein Wille geschehe, wie im Himmel so auf Erden!"

Welche Hoffnung, welche Sehnsucht geht uns dabei durch Kopf und Herz?

Dies ist das Lied meiner Sehnsucht:

Anderland

Ich sehn mich nach dem Anderland, wo unsre Wunden heilen.
Wo keiner einsam sterben muss. Und Menschen alles teilen.
Wo jeder ein Zuhause hat und niemand wird vertrieben.
Wo Hass und Gier verschwunden sind, weil wir das Leben lieben.

Ich sehn mich nach dem Anderland mit seinem wilden Garten,
Dort ruft und singt im Unterholz die Vielfalt aller Arten.
Wo alte Bäume unversehrt hoch in den Himmel ragen.
Und bunte Sträucher jedes Jahr aufs Neue Früchte tragen.

Ich sehn mich nach dem Anderland, wo wir nicht kämpfen müssen.
Wo Frieden und Gerechtigkeit sich beide zärtlich küssen.
Wo all die Herren dieser Welt nur ihrer Mütter Kind sind.
Und wir für Macht, Besitz und Geld auf beiden Augen blind sind.

Ja, schön wär's, nicht wahr. Aber sind diese Bilder einer heilen Welt, einer von Gott geheilten Welt wirklich mehr als ein frommer Wunschtraum? Sind sie wirklich mehr als eine naive Utopie entrückter Tagtraumtänzer? Was hat das alles zu tun mit der real existierenden Welt, in der wir leben? Wo das eiserne Recht des Stärkeren herrscht und die Schwachen nichts zu lachen haben?

Sind diese Bilder von Frieden, Gerechtigkeit und Liebe vielleicht sogar gefährlich? Weil sie uns auf bessere Zeiten vertrösten? So wie es die Kirche jahrhundertelang mit den Armen und Benachteiligten leider auch immer wieder getan hat? „Hier hast du es schwer, aber finde dich bitte damit ab. Im Himmel wird alles schöner sein!"

Meinte Jesus mit Reich Gottes das ferne Himmelreich im Jenseits einer anderen Welt? Nein, das meinte er nicht. Jesus spricht von einer Hoffnung, die heute schon Gestalt gewinnt und die Welt verändert. Dieser Hoffnung möchte ich mit Ihnen auf die Spur kommen.

Komm, such mit mir das Anderland, das Gott für uns erträumt hat!
Der auch den großen Stein davor schon aus dem Weg geräumt hat.
Weil Liebe selbst den Tod besiegt, kann alles möglich werden.
Das himmelschöne Anderland beginnt schon hier auf Erden.

Ja, Gottes Anderland der bedingungslosen Liebe ist anders, doch es ist nicht *wo*-anders. Es hat schon begonnen mitten unter uns, mitten im Leben, mitten in dieser Welt. Es ist kein Ort, den wir finden können. Es ist ein Ereignis, das wir erleben können.

Wenn wir „Reich Gottes" hören, dann denken wir an einen Ort, ein Territorium, doch Jesus meint: das Reich Gottes geschieht. Überall dort, wo Gottes Willen geschieht.

Zugegeben, für unsere heutigen Ohren klingt das seltsam fremd und altertümlich: „Reich Gottes". Darum möchte ich mit Ihnen eintauchen in diese alte Bilderwelt, und ich hoffe, dass diese Reise in die Vergangenheit zurück in die Zukunft führt.

Was wir heute im Deutschen „Reich Gottes" nennen, hat Jesus vor 2000 Jahren nie gesagt. Überall dort, wo wir im Neuen Testament vom Reich Gottes lesen, steht im griechischen Grundtext *Basileia tou teou*. Das heißt: „Königsherrschaft Gottes". Und darüber hat Jesus pausenlos gesprochen.

„Gott soll als König herrschen." Das war das Lebensthema des jüdischen Wanderpredigers Jesus aus Nazareth in dem kleinen Land Palästina, das damals von der Weltmacht Rom beherrscht wurde. Ein Land, wo mit römischen Münzen bezahlt wurde, auf denen der römische Kaiser abgebildet war mit der Aufschrift: Kaiser und Gott.

Wenn die Revoluzzer unter den Zeitgenossen Jesu „Königsherrschaft Gottes" hörten, dann träumten sie davon, dass Gott schon bald die römischen Besatzer vertreiben und sein Volk Israel von ihnen befreien werde.

Wenn die Cheftheologen unter den Zeitgenossen Jesu, die Pharisäer, von Königsherrschaft Gottes sprachen, dann meinten sie: Gott herrscht schon dort als König, wo wir Juden Gottes Gesetz, die Thora, treu befolgen.

Doch Jesus irritierte beide Gruppen, weil er sagte:

„Ja, Gott wird als König herrschen, und seine Herrschaft hat schon begonnen, aber diese Herrschaft sieht völlig anders aus als ihr glaubt. Denn wie Gott als König seine Macht ausüben will, das seht ihr – an mir!"

Mit diesem unerhörten Anspruch tritt Jesus auf. Und mit dem, was Jesus sagt und tut, macht er deutlich: Gottes „Königs"-Macht ist nicht die Macht der Stärke und Gewalt, es ist die Macht bedingungsloser Liebe und Barmherzigkeit.

Dieser himmlische König umgibt sich mit seltsamen Gestalten. Er kümmert sich liebevoll um die Kranken, Ausgegrenzten und Ärmsten der Gesellschaft. Er sitzt zu Tisch mit Prostituierten und Betrügern. Er bestraft die Versager und Gescheiterten nicht, er vergibt ihnen ihre Schuld. Und hilft ihnen wieder auf die Beine.

Und: Er eckt damit an … beim religiösen und politischen Establishment.

Als angeblicher Ketzer und Volksverhetzer wird Jesus schließlich hingerichtet. Er stirbt am Kreuz. Und Tatsache ist: Gott hat diesen Tod nicht verhindert. Jesus wird beerdigt. Königliche Mission kläglich gescheitert.

Doch das wahrhaftig Verrückte ist, dass die Geschichte hier neu beginnt. Mit dem Stein, der verrückt wurde. Und den Eingang zum Grab freigab. Und das Grab ist leer.

Und die eben noch zu Tode verängstigten Freundinnen und Freunde Jesu kommen plötzlich mutig aus ihren Verstecken. Und sagen: „Wir haben den Herrn gesehen!" Gott hat Jesus recht gegeben. Auf den Hass der Menschen hat Gott nicht mit Zorn und Vernichtung reagiert, sondern mit Liebe und neuem Leben. Mit dem auferstandenen Jesus Christus ist Gottes Königsherrschaft auf Erden angebrochen. Die königliche Revolution der Liebe hat begonnen. Und sie verändert die Welt.

Und wenn wir als Christen heute mit Jesus bitten: „Dein Reich komme!", dann bitten wir Gott darum, dass seine Revolution der Liebe weitergehen möge, jetzt und hier immer neu geschieht, in unserem Leben, in unserer Welt bis zu dem Tag, an dem Gott vollenden wird, was er begonnen hat.

Bevor jetzt alle fleißig zustimmend mit dem Kopf nicken, möchte ich mal fragen: Glauben wir eigentlich wirklich daran – an Gottes WELT-Revolution der Liebe?

„Wir, die Gemeinden … haben das Reich Gottes auf eine private Frömmigkeit reduziert", schreibt der anglikanische Theologe Nicholas Thomas Wright. Und weiter: „Wir wollen einen religiösen Führer, keinen König! Wir wollen einen, der unsere Seelen rettet, keinen, der unsere Welt regiert."

An anderer Stelle wird er noch deutlicher.

Wright sagt, es bringt „nichts, anzunehmen, dass Jesus gekommen ist, um den Menschen zu sagen, wie sie in den Himmel kommen. (..) Es ging darum, ihnen zu sagen, dass Gott nun die Macht übernahm, genau hier auf der Erde, dass sie darum beten sollten, dass dies geschah, dass sie in Jesu persönlichem Wirken die Hinweise darauf entdecken sollten, dass dies tatsächlich geschah, und dass es, wenn er sein Werk vollendet haben würde, Wirklichkeit werden würde."

Nicht, dass wir uns hier missverstehen: Es ist schön, richtig und gut, wenn Sie sich auf die Gemeinschaft mit Gott im Himmel freuen. Doch Ihre Aufgabe hier auf Erden ist nicht zu versuchen, sich irgendwie einen Platz im Himmel zu verdienen. Den gibt es von Gott geschenkt. Unsere Aufgabe ist es, an Gottes Weltrevolution der Liebe mitzuwirken.

Nein, Gott braucht uns nicht, um seine Königsherrschaft im Himmel und auf Erden durchzusetzen. Aber Gott *will* uns gebrauchen und wir können uns von Gott gebrauchen lassen und mit dem Apostel Paulus darauf vertrauen: „Was ihr für den Herrn tut, ist nicht vergeblich." (1. Korinther 15,58)

Gottes Bewegung

Kann natürlich sein, dass Sie jetzt denken: „Du meine Güte, da ahnt man nichts Böses und nun soll ich gleich an einer Weltrevolution mitwirken? Ich bin ja schon froh, wenn ich meinen Schreibtisch aufgeräumt kriege."

Nein, keine Sorge, Sie müssen jetzt nicht mal eben

schnell die Welt retten … Und Gott bewahre uns vor den Menschen, die es für den Willen Gottes halten, hier auf Erden einen Gottes-*Staat* zu errichten. Wir alle kennen die grausamen Beispiele in der Geschichte, wie furchtbar es ausgeht, wenn Menschen im Namen Gottes versuchen, die Welt in Ordnung zu bringen und das, was sie für den Himmel halten, auf die Erde zu holen. Das Ergebnis ist eine Hölle von Mord und Totschlag, Zwang und Unterdrückung.

Das Reich Gottes ist kein Gottes-Staat. Es ist eine Bewegung. Wie Jesus Christus sie uns zeigt. Gott bewegt sich in Liebe auf uns zu, und Gott bewegt unsere Herzen, dass wir Teil seiner Bewegung werden.

Diese Bewegung umspannt und durchzieht die ganze Welt quer durch alle Nationen, Länder und Kulturen. Und wenn wir in diese Bewegung kommen, dann weitet sie unsere Herzen und unseren Blick.

Sie sprengt unser kleinkariertes Denken.

Sie sortiert die Menschen nicht nach Vereinszugehörigkeiten, Konfessionen, Nationalitäten und Aufenthaltsstatus.

Sie kennt kein „America first" und auch kein „Deutschland den Deutschen".

Sie übt sich in dem Blick, mit dem Gott auf jeden Menschen dieser Erde schaut und sagt: Du bist vorbehaltlos geliebt und angenommen, so wie du bist.

Gottes Reich ist eine Bewegung der Liebe. Und die ist keineswegs beliebig. Sie ist eine Revolution. „Re-volutio" – das heißt: Umkehrung. Hier wird etwas auf den

Kopf gestellt. Gottes Revolution ist der Einspruch der Liebe gegen den sogenannten Lauf der Welt und das Gesetz des Stärkeren.

„Jeder ist seines Glückes Schmied und nur einer kann der Beste sein!", verkünden uns die Erfolgstrainer.

„Wer unter euch der Erste sein will, der diene den anderen!", sagt Jesus.

„Rechnet sich das und wie hoch ist die Rendite?", fragt der Unternehmer.

„Lohnt sich das und wie hilft es Menschen weiter?", fragt Jesus.

„Armut ist Schicksal. Was geht mich das an?", sagen gut situierte Wohlstandsbürger.

„Was du für einen ausgegrenzten, verfolgten und benachteiligten Menschen tust, das tust du für mich", sagt Jesus Christus. Den Gott zum König seiner Liebes-Bewegung gemacht hat.

Aber wollen wir so einen „König" wirklich haben? Der so konkrete Ansprüche auf unser Leben erhebt und uns infrage stellt? Oder genügt uns eine religiöse Leitfigur für unsere private Frömmigkeit als Wellness-Kur für die Seele?

In unseren Gottesdiensten singen wir voller Inbrunst: „Unser Vater in dem Himmel, *dir allein* sei Lob und Ehre!" Das fühlt sich erst mal gut an, stellt uns aber auch die Frage, welchen anderen Göttern wir in unserem Leben vielleicht zu viel der Ehre geben. Zum Beispiel den Göttern Mars, Mammon und Aphrodite, die ebenfalls immer wieder absoluten Anspruch auf unser Leben erheben: die Götter von Macht, von Besitz und Heidi Klum, die Hohepriesterin der Aphrodite, die heute leider kein Foto für dich hat. Weil du nicht die Schönste warst.

Ja, sie ist ein anspruchsvolles Projekt, diese Bewegung der Liebe Gottes, und sie fordert uns immer neu heraus, ob wir uns bewegen lassen, mit dabei zu sein. So wie wir sind. Mit dem bisschen, was wir beitragen können. Mit unseren ungelenken Versuchen und den kleinen Stolperschritten der Liebe. Weil Gott keine Helden und Gewinnertypen braucht, sondern zerbrechliche, fehlerhafte und begrenzte Menschen wie Sie und mich gebrauchen will, um etwas zu bewegen in der Welt. Fragt sich nur, ob wir uns bewegen *lassen*, wenn Jesus uns herausfordert.

Herausgefordert

„Wir haben es uns gut hier eingerichtet", hat der Liedermacher Manfred Siebald mal gesungen. Doch Jesus nachzufolgen, bedeutet: „nicht zu Hause zu sein im falschen Leben". Eine Formulierung des Theologen Fulbert Steffensky, die mir sehr wichtig geworden ist.

Ich höre bei Jesus immer wieder die Frage: „Lässt du dich noch von mir herausfordern aufzubrechen? Oder hast du dich so gut eingerichtet in deinem frommen Leben, dass du meine Frage gar nicht mehr hören kannst?"

Jesus fordert uns heraus aus lieb gewordenen Angewohnheiten und Traditionen, heraus aus gar zu kuscheligen Gemeinden, in denen wir uns selbst genug sind und uns ungern stören lassen von der komplizierten Welt da draußen.

In frommen Kreisen kann man schon mal eine Formulierung wie diese hören: „Ich stehe nun seit 30 Jahren in der Nachfolge Jesu!" Das verdient unseren Respekt, aber ich möchte doch ganz leise zurückfragen: „Wäre es dann nicht an der Zeit für dich, allmählich loszugehen?"

„Nachfolge Jesu" – das klingt wie die Überschrift für ein ordentlich geregeltes Programm. Doch wenn es gilt, unsere Beziehung zu Gott in Jesus Christus zu beschreiben, dann ist bei Substantivierungen immer eine gewisse Vorsicht geboten.

Kann es sein, dass wir aus einer sehr lebendigen Bewegung, wie sie im Neuen Testament geschildert wird, in unseren Kirchen ein festgelegtes, starres System gemacht haben?

Das Substantiv „Nachfolge" kommt in der Bibel gar nicht vor. Jesus nachfolgen ist immer ein Verb, ein „TU-Wort". 73-mal ist in den vier Evangelien die Rede davon, dass Menschen Jesus nachfolgen. Das griechische Wort dafür heißt „akoluthein", und das bedeutet wörtlich: „hinter jemand hergehen".

Wenn in den Evangelien davon erzählt wird, dass Jesus Menschen herausfordert, hinter ihm herzugehen, dann passiert da etwas sehr Lebendiges, dann geraten Menschen in Bewegung, sie brechen auf. Sie brechen mit Traditionen, vergessen Rechte und Pflichten und verlassen gesicherte Verhältnisse für eine reichlich ungewisse Zukunft in der Gemeinschaft mit diesem Jesus aus Nazareth.

Ja, sicher, das heilsame Vertrauen auf Gottes Liebe bietet auch Heimat, Geborgenheit, ein beschütztes Zuhause, einen festen Wurzelgrund von biblischen Traditionen und Menschen, die uns tragen und unsere Herzen stark machen. Das andere aber, was den Glauben ebenso unverzichtbar bestimmt, ist Aufbruch, Bewegung und Rastlosigkeit.

Wer sich von Jesus herausfordern lässt, bricht auf und wird ein Heimatloser, wie Jesus es im Lukas-Evangelium, Kapitel 9, in gänzlich ungemütlichen Bildern beschreibt. Ihm fehlt das warme Nest der Vögel oder die kuschelige Höhle der Füchse. Er schaut nicht zurück, er wird abschiedslos bei Nacht und Nebel aufbrechen, getrieben von der Sehnsucht und Gottes Verheißung einer anderen Welt, in der Frieden und Gerechtigkeit sich küssen.

Mut zur Vorläufigkeit

Wenn wir mit Jesus aufbrechen, dann brauchen wir auch den Mut zur „Vorläufigkeit"! Zugegeben, wieder so ein komisches Substantiv, obwohl ich selbst eben noch davor gewarnt habe. Also machen wir gleich ein TU-Wort draus:

Wir brauchen den Mut vorzulaufen, mutig nach vorn zu laufen, vorneweg zu laufen, gern auch mal waghalsig vorzupreschen, etwas Atemberaubendes zu wagen in unserem Beruf und in unserem kleinen Alltag. Wir sollen mutig nach vorn laufen. In dem Wissen, dass alles, was wir tun, nur der Weisheit <u>vor</u>letzter Schluss ist; dass alles, was wir tun, nur vorläufig richtig ist. Diese doppelte Bedeutung ist wichtig.

Wer mit Jesus aufbricht, braucht auch den Mut, sich selbst und anderen die Vorläufigkeit der eigenen Taten und Erkenntnisse einzugestehen. Was wir aus Überzeugung und mit Glaubensmut tun können, steht unter dem Vorbehalt des Gebetes, das wir von Jesus lernen können: Nicht mein, sondern „DEIN Wille geschehe!"

In dieser Spannung empfinde ich mein Leben: Gott schickt uns für unsere Lebensentscheidungen nicht immer seinen erklärten Willen per Post ins Haus. Darauf zu warten, kann auch zur faulen Ausrede für unsere Feigheit werden.

Ich muss, ich will und ich kann mutig handeln nach bestem Wissen und Gewissen. Doch ich möchte dabei *vorläufig* bleiben. Das heißt: Ich möchte unterwegs korrigierbar und kritikfähig bleiben. Und ich möchte nicht zu schnell für meine Entscheidungen und Erkenntnisse in Anspruch nehmen zu sagen: „Der Herr hat mir dieses und jenes gezeigt."

„Die Erkenntnis bläht auf. Die Liebe aber erbaut", schreibt der Apostel Paulus in 1. Korinther 8. „Wenn jemand meint, er habe etwas erkannt, so hat er noch nicht erkannt, wie man erkennen soll. Wenn aber jemand Gott liebt, der ist von ihm erkannt!"

Wir brauchen den Mut zur Vorläufigkeit, damit wir mutig vorlaufen und handeln. Und nicht vor der Zeit aufgeben. Im Vertrauen darauf, dass Gott sogar aus unseren halben Sachen etwas Ganzes machen kann und wird.

Diesen doppelten Mut erhoffe ich für uns: Den Mut, mit Jesus neu und immer wieder aufzubrechen. Und den Mut der ungelenken, stolpernden, ganz unperfekten und vorläufigen ersten Schritte. Auf einem Weg, der beim Gehen erst entsteht.

Der ehemalige Bundespräsident Johannes Rau gehört für mich zu den großen „Vor-Läufern" des christlichen Glaubens in der Welt. Auf dem Kirchentag 2005 in Hannover beendete er seine Bibelarbeit über 5. Mose 6 mit diesen Worten:

Wenn meine Kinder mich fragen, wie ich die dürren, manchmal verzweifelten Tage und Wochen meines Lebens gemeistert habe, aber auch, was die wunderbaren Erlebnisse und Erfahrungen waren und sind, dann bin ich ihnen eine Antwort schuldig. Wenn Menschen meiner Generation mich fragen, was sie denn weitergeben sollten, dann sage ich ihnen dies:

Sagt euren Kindern, dass euer Leben verdankt ist dem Lebenswillen Gottes.

Sagt ihnen, dass euer Mut geliehen war von der Zuversicht Gottes.

Sagt ihnen, dass eure Verzweiflung geborgen war in der Gegenwart des Schöpfers. Sagt ihnen, dass wir auf den Schultern unserer Mütter und Väter stehen.

Sagt ihnen, dass ohne Kenntnis unserer Geschichte und

unserer Tradition eine menschliche Zukunft nicht gebaut werden kann.

Sagt ihnen, dass wir ohne innere Heimat keine Reisen unternehmen können.

Denn wer nirgendwo zu Hause ist, der kann auch keine Nachbarn haben.

Und sagt ihnen zu guter Letzt, dass die stete Bereitschaft zum Aufbruch die einzige Form ist, die unsere Existenz zwischen dem Leben hier und dem Leben dort wirklich ernst nimmt.

Der Brunnen

Beim ersten Schlag fährt der Meißel gerade mal einen Fingerbreit in den Stein. Und einige, die zusehen, tippen sich an die schweißnasse Stirn: „Du bist verrückt, Benedito!"

Schon verhüllt eine Wolke aus feinem Sand und Staub den schweigenden Arbeiter. Winzige Steinsplitter spritzen umher und beißen die Zuschauer in die Waden. Viele treten einen Schritt zurück.

Nach zwanzig Schlägen verlangsamt Benedito seinen Rhythmus, nach dreißig Schlägen setzt er den Hammer ab, eine handflächengroße Mulde im nackten Felsen vor sich.

Er wischt sich mit dem tiefbraunen Unterarm durchs Gesicht und sieht seinen Nachbarn einem nach dem anderen in die Augen. Nur wenige erwidern den bohrenden Blick. Einer schüttelt den gesenkten Kopf: „Das kann Jahre dauern!", murmelt der, nimmt seinen Hut und geht. Ein anderer reibt sich versonnen die schwarzen Bartstoppeln:

„Sechs Monate Trockenzeit liegen hinter uns. Das Gras ist verdorrt, die Felder sind verbrannt, die Flüsse versiegt, der Mais ist vertrocknet. Und doch: Die meisten von uns haben überlebt. Nun aber, wo endlich die Regenzeit beginnen wird, wo es morgen schon regnen kann, ausgerechnet jetzt sollen wir anfangen, durch die

Felsen hindurch nach Wasser zu graben. Lass uns auf Regen warten, Benedito! Dann haben wir wenigstens für ein paar Wochen wieder genug Wasser, vielleicht reicht es sogar für eine kleine Ernte." – „Und wer garantiert uns überhaupt, dass da unten Wasser ist?", wirft der Nächste ein.

Ein anderer sagt: „Der Agraringenieur aus der Stadt hat es berechnet. Gut. Er hat studiert, ich nicht. Er kann lesen. Ich nicht. Aber ich kenne unser Land, ich kenne den Sertao. Und ich sage dir: Er irrt sich. Und wenn nicht, wenn da unten irgendwo Wasser ist, wie tief werden wir graben müssen, wie tief, Benedito? Drei Meter, fünf, zehn oder hundert, durch den blanken Stein?" – „Bis dahin sind wir verdurstet!", hört man rufen. „Beweise uns, dass da unten Wasser ist!" –

„Und wenn schon!", schreit einer laut dazwischen. „Ich hasse dieses dürre bisschen Land. Ich gehe fort. Nach Sao Paulo, Arbeit suchen. Etwas Besseres als den Tod werden wir überall finden. Überall ist es besser als hier im vertrockneten Nordosten!" Und damit verschwindet er im Schatten der verdorrten Bäume.

Fünf Männer stehen noch da, schauen ihm nach, dann wendet sich einer um und legt Benedito die Hand auf die Schulter: „Sag uns nur eines, Bruder: Was macht dich so sicher?"

Benedito bückt sich wortlos, hebt den Meißel auf, greift zum Hammer und setzt zum nächsten Schlag an.

Ein Jahr später sind weitere Kinder des Dorfes am verseuchten Wasser aus den verdreckten Regenlöchern gestorben, einige Familien nach Sao Paulo in die Slums abgewandert und das runde Loch im Felsen hat zwei Meter Durchmesser und ist elf Meter tief. Zu sechst haben sie weiter daran gearbeitet, Tag für Tag für Tag, Zentimeter für Zentimeter für Zentimeter, elf mal zwei Meter tiefe Vergeblichkeit.

Am Ende gräbt Benedito wieder allein, prügelt den verbogenen Meißel in die Steine. Der monotone Klang hallt wie ein dürrer Glockenschlag hinauf aus der kalten, leblosen Röhre, hinüber zu den Hütten des Dorfes, wo die Hoffnung auf Trinkwasser irgendwo im staubigen Boden versickert ist. Und doch warten alle, die noch da sind, an jedem Morgen darauf, dass der heiße Wind den Glockenschlag von Beneditos Meißel zu ihnen herüberweht.

Vier weitere Wochen vergehen. Es ist ein glühender Mittag, als der Schlag der Glocke aussetzt. Es ist das lauteste Schweigen, das in Genipapeiro jemals zu hören war. Sie stürzen aus ihren Häusern zum Felsenloch und drängen sich gefährlich nah an den Rand des Kraters.

Unten kauert Benedito, Hammer und Meißel neben sich. Ein leises Glucksen klettert aus seinem Zwerchfell hinauf an den steilen Wänden. Dann hebt er langsam den Kopf, seine Fäuste schnellen hervor, holen aus und fahren heftig nieder auf den felsigen Grund. Sein dröhnendes Gelächter zerreißt die entgeisterte Stille. Und es dauert einige Sekunden, bis oben am Rande des Kraters der andere Klang zu hören ist, mit dem seine Fäuste in das spritzende Wasser schlagen.

Gehalten

Auch dann, wenn sich der Nebel noch nicht lichtet,
wie Regen prasseln Fragen auf dich ein,
auch dann, wenn keine Antworten in Sicht sind,
auch dann wirst du von Gott gehalten sein.

Auch dann, wenn alle Wände näher kommen,
dein Spielraum wird auf einmal winzig klein,
und alles, was du sehn kannst, bleibt verschwommen,
auch dann wirst du von Gott gehalten sein.

Auch dann, wenn da kein Weg ist und kein Zeichen,
du gehst den Schritt ins Dunkel nicht allein,
auch dann, wenn gute Worte dir nicht reichen,
auch dann wirst du von Gott gehalten sein.

Gehalten von der Liebe, die dich vorbehaltlos liebt.
Getragen von der Hand, die dich umfängt.
Getröstet von dem Geist, der dir die Kraft zum Leben gibt.
Gesegnet durch den Frieden, den dein Gott dir schenkt.

Quellennachweise

Alle Liedtexte: © Martin Buchholz

Dietrich Bonhoeffer, Widerstand und Ergebung, DBW Band 8, Seite 454f.

Richard Rohr, Pure Präsenz, Claudius Verlag, München, S. 27f.

Eva Zeller, Sage und Schreibe. Gedichte. DVA, Stuttgart 1971, S. 68–78

Kurt Marti, Leichenreden, © Nagel und Kimche in der Verlagsgruppe HarperCollins Deutschland GmbH

N. T. Wright, Jesus, © 2013 Francke-Buch, S. 26, 27, 211

Die „Hoffnungsfunken"-Playlist
zu den Liedern dieses Buches